MONET

MONET

Stéphanie Grégoire

L'ESSENTIEL

HAZAN

Document de couverture :
La Promenade, 1875 (détail)

Conception et réalisation :
Olivier Mathan

Photogravure :
Graphic 75, Paris

Achevé d'imprimer en janvier 1994 par
Milanostampa, Farigliano

ISBN 2 85025 353 7
ISSN 1250-5919

SOMMAIRE

ILLUSTRATIONS

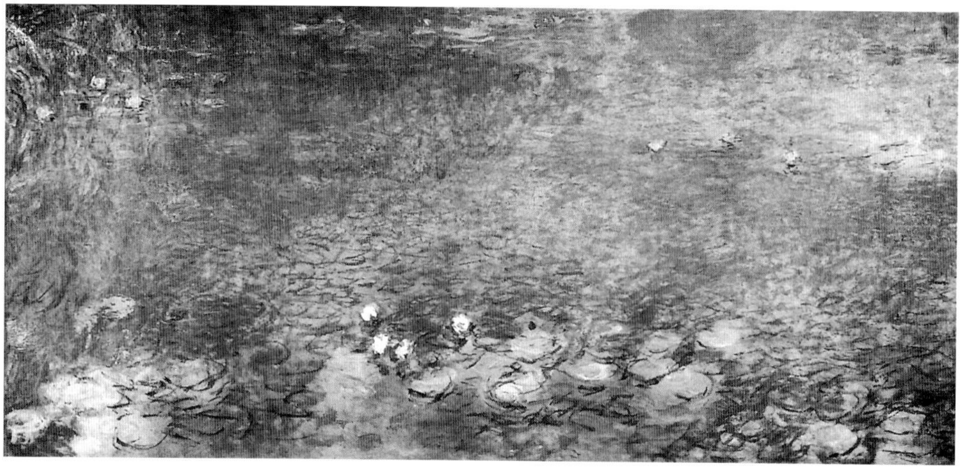

Nymphéas, le matin (détail), 1914-1918.

« La pratique de Monet lui est venue directement de l'œil à la brosse, sans que jamais il ait prétendu doctriner. Il était peintre-né : c'est la raison supérieure qui l'a irrésistiblement poussé à regarder toujours plus avant dans l'intimité des choses, jusqu'aux rencontres de visions auxquelles nul encore ne s'était arrêté. »

Georges Clemenceau, *Claude Monet : les Nymphéas*, Paris, 1928.

En 1900, alors que Monet est à Londres pour « essayer d'y peindre quelques effets de brouillard sur la Tamise », ses amis Gustave Geffroy et Georges Clemenceau l'observent : « Il accumulait les touches, comme on peut le voir sur ses toiles ; il les accumulait avec une sûreté prodigieuse, sachant exactement à quels phénomènes de lumière elles correspondaient. De temps en temps, il s'arrêtait. "Le soleil n'y est plus", disait-il. Devant nous la Tamise roulait ses vagues, presque invisible, dans le brouillard. Un bateau passait comme un fantôme. [...] Tout à coup, Claude Monet ressaisissait sa palette et ses brosses. "Le soleil est revenu", disait-il. Il était à ce moment seul à le savoir. Nous avions beau regarder, nous n'apercevions toujours que l'espace ouaté de gris, quelques formes confuses, les ponts comme suspendus dans le vide, les fumées vite effacées, et quelques flots houleux de la Tamise, visibles proche de la berge[1]. » L'extrême acuité de son regard est un élément constitutif de son génie. Il voit plus loin, plus en profondeur que les autres, et avec une once de lumière en plus. Son plus bel instrument, c'est son œil, et il ne cessera, durant toute sa vie, de chercher à l'aiguiser, à le rendre toujours plus puissant.

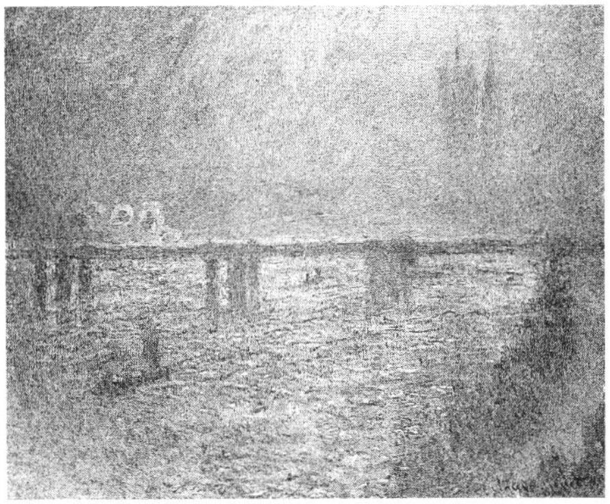

Charing-Cross Bridge, 1899.

« Et il me semble que je vois la nature, que je vais tout faire, tout écrire... »
Monet à Bazille, 15 juillet 1864.

Peu de choses ont suffi pour qu'il décide de devenir peintre. Au collège du Havre, c'est un élève moyen, ni meilleur, ni moins bon qu'un autre, un peu plus indiscipliné peut-être et toujours prêt à amuser ses camarades. À cette fin, et aussi pour combler les heures d'ennui, il fait des caricatures de ses professeurs, dont il remplit ses cahiers. Et, débrouillard et non dénué d'un certain sens du commerce, il décide d'étendre le champ de ses victimes aux notables du Havre et de vendre ses œuvres chez un marchand de couleurs de la ville. C'est un succès. Chacun s'y reconnaît et surtout peut rire de son voisin. Monet a dix-sept ans et c'est alors qu'il décide de devenir peintre.

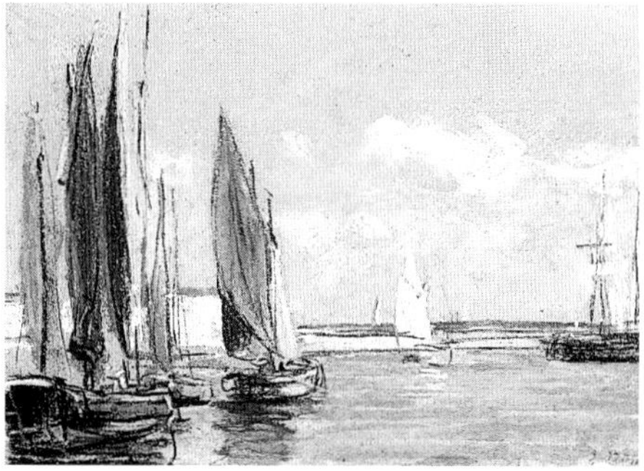

Boudin, *Voiliers à Honfleur*, 1854-1860.

Dans la boutique, il rencontre celui que Courbet appelle « le Raphaël des ciels », Eugène Boudin. « C'était chez un marchand de cadres où j'exposais fréquemment de ces charges qui m'avaient valu quelque notoriété dans le Havre et même un peu d'argent. Je trouvai là Eugène Boudin qui, âgé d'environ trente ans, commençait à dégager sa personnalité. [...] Sur ses instances, j'acceptai d'aller travailler en plein air avec lui : j'achetai une boîte de peinture et nous voilà partis pour Rouelles. [...] Ce fut tout à coup comme un voile qui se déchire : j'avais compris, j'avais saisi ce que pouvait être la peinture ; [...] ma destinée de peintre s'était ouverte. Si je suis devenu un peintre, c'est à Eugène Boudin que je le dois[2]. » Voilà, Claude Monet sait dès lors qu'il est un peintre. Sa formation ? Elle est à ce stade presque terminée : il sait dessiner et a compris ce qu'est la peinture de plein air. Comme le disait Boudin « c'est moins ce monde que l'élément qui l'enveloppe que nous reproduisons[3] ». Il n'en faut pas plus à un esprit indépendant pour continuer à travailler seul. Mais le chemin traditionnel était, à l'époque, de s'inscrire dans un atelier parisien pour y apprendre les règles de l'art académique. Il part donc pour Paris et entre à l'atelier de Gleyre. Là, assis avec ses camarades – dont Sisley, Bazille et Renoir – face à un modèle, il s'applique à reproduire ce qu'il voit. Mais ce n'est pas dans le goût de Gleyre :

« – Ce n'est pas mal, dit-il, mais le sein est lourd, l'épaule trop puissante, et le pied excessif.

– Je ne peux dessiner que ce que je vois, répliquai-je timidement.

– Praxitèle empruntait les meilleurs éléments de cent modèles imparfaits pour créer un chef-d'œuvre, riposta sèchement Gleyre.

Quand on fait quelque chose, il faut penser à l'antique[1] ! »

L'antique ! Lui qui a passé quinze ans au Havre, face à la mer, qui a commencé à peindre en plein air, devrait se souvenir de l'antique ! Il ne réfléchit pas plus longtemps : « Le soir même, je pris à part Sisley, Renoir et Bazille : Filons d'ici, leur dis-je. L'endroit est malsain : on y manque de sincérité[1]. »

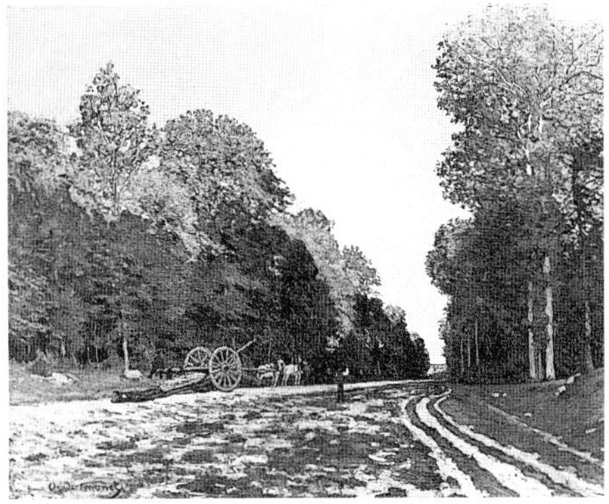

Le Pavé de Chailly, 1865.

Désormais, la nature seule sera son atelier. À la suite des peintres de Barbizon, il se rend dans la forêt de Fontainebleau, à Chailly-en-Bière, souvent accompagné de Bazille. Et puis, il retourne régulièrement sur la côte de la Manche, au Havre, mais aussi à Honfleur, à Étretat ou à Sainte-Adresse, une petite station balnéaire où son oncle et sa tante Lecadre possèdent une maison de villégiature. Jusqu'en 1870, date du conflit franco-prussien, Monet fait preuve d'une avidité étonnante. Il peint la mer, les jardins, les sous-bois, le soleil, la neige, bref, il fait ses armes, il s'essaye à tout, et les œuvres de cette période reflètent bien sa fringale de motifs. Un *Déjeuner sur l'herbe*, des *Femmes au jardin*, une *Pie*, une *Vague verte*, *Le Port de Honfleur*. Le *Déjeuner sur l'herbe* et les *Femmes au jardin*, datés de 1865 et 1866, en partie peintes en plein air, sont deux toiles monumentales, qui ont en commun d'insérer des personnages dans un paysage. Mais, on y sent encore la maladresse du jeune peintre et une difficulté à fondre les deux éléments en un tout parfait. Dans ce domaine, sa première véritable réussite est sans conteste *La Terrasse à Sainte-Adresse* (1867), où il représente son père et probablement sa tante et sa cousine. Le quatrième personnage n'est pas identifié. Dans cette toile, Monet parvient à transcrire l'atmosphère calme et silencieuse d'un bel après-midi d'été. Les bateaux au loin, le vent qui fait danser les drapeaux, le soleil, dont les femmes se protègent avec des ombrelles, et qui dessine de longues ombres sur la terrasse. Peut-être manque-t-il encore cet élément qui enveloppe le monde dont parlait Boudin, mais il n'est plus très loin.

En 1868, c'est *Au bord de l'eau*, peint à Bennecourt, un village sur la rive droite de la Seine. Monet est, à cette époque, père d'un petit garçon de deux ans, Jean, que lui a donné sa compagne, Camille. Dans le tableau, elle est assise face à la Seine, à l'ombre d'un arbre. Cette fois l'« élément enveloppant le monde » est bien là : les taches de soleil sur les troncs et sur la robe de la jeune femme, le frémissement des feuilles et surtout la matière, qui donne vie à l'environnement et matérialise l'air. Il y a véritablement une matière autour des objets, quelque chose d'indéfinissable mais qui habille la scène, qui lui donne une odeur, une chaleur et presque un son. Impressionniste. Le terme n'existe pas encore mais sa signification est inventée dans cette toile. C'est un moment de grâce. L'année suivante, à Honfleur, Monet peint la neige. Une *Pie*, juchée sur une barrière, tache noire au milieu d'un éblouissement de blancs. La lumière hivernale n'a jamais été aussi merveilleusement retranscrite : les ombres bleues, le ciel blanc, le froid qui pique, le silence. La même année, au printemps, Monet est installé au hameau de Saint-Michel, près de Bougival. Avec Renoir, qui habite non loin, ils partent avec leur matériel sur le motif. Financièrement, tous deux sont dans une situation difficile, qui les empêche parfois d'acheter des couleurs, des toiles et des brosses. Pour retrouver un peu de l'insouciance qui manque à leur quotidien, ils se rendent à la Grenouillère, un café flottant amarré à l'île de Croissy.

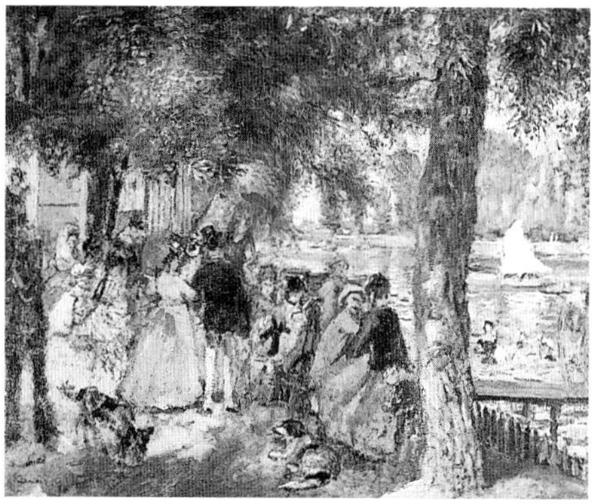

Renoir, *À la Grenouillère*, 1869.

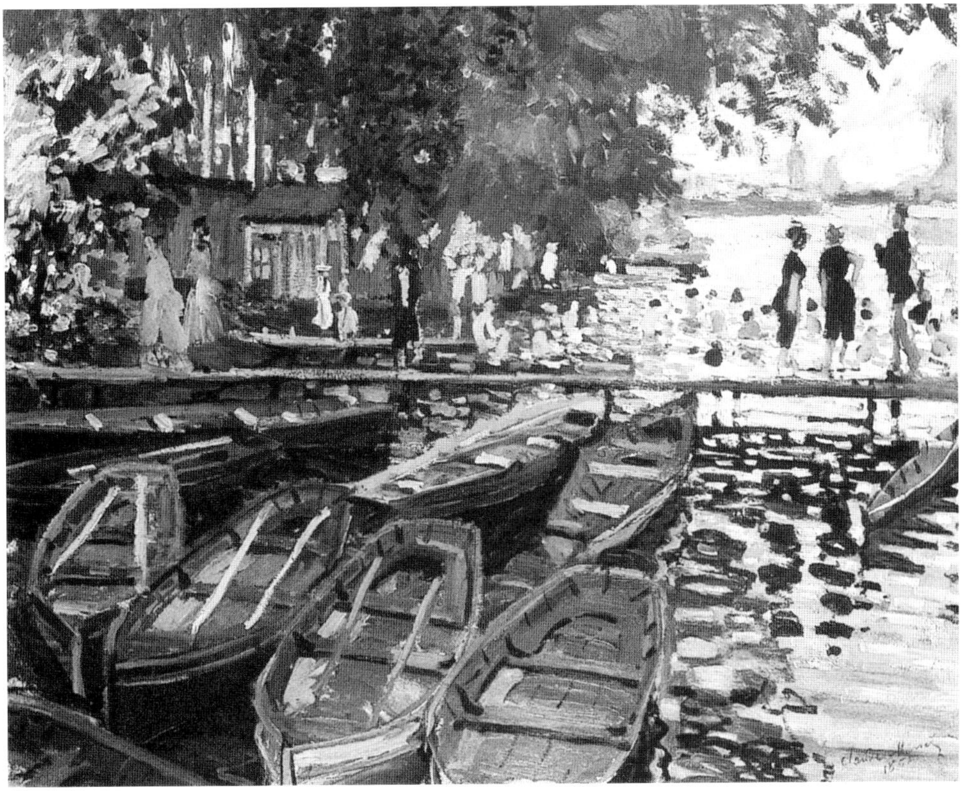

Les Bains de la Grenouillère, 1869.

Les deux amis s'installent au milieu de la foule grouillante, côte à côte, et choisissent les mêmes motifs. Le « Pot-à-Fleurs » notamment, un minuscule îlot relié au bateau par un ponton, planté d'un arbre unique, et sur lequel buveurs et baigneurs se retrouvent le temps d'échanger quelques mots. Monet s'attache moins que son ami aux personnages. Ce qui l'intéresse plus que tout, c'est l'eau, la lumière et les reflets sur l'eau, la réverbération de l'eau. Elle est présente partout dans la toile et conditionne les éléments environnants. La lumière qui baigne la scène est tout entière teintée par l'eau. Il lui a fallu dix ans pour « inventer » l'impressionnisme. Il a dès lors le secret de l'atmosphère, de l'élément qui enveloppe le monde.

« On peut dire que ses neiges donnent froid et que ses tableaux de pleine lumière chauffent et ensoleillent. »

Théodore Duret, *Les Impressionnistes*, mai 1878.

En juillet 1870, c'est la guerre. Au jour de la déclaration, Claude Monet est à Trouville, avec Camille – devenue sa femme l'année précédente – et Jean. La perspective du conflit ne l'enthousiasme pas. Lui, qui commence à maîtriser son art, à dominer la représentation de l'impalpable, voudrait continuer à travailler en paix, loin de la douleur et des difficultés de la guerre. L'Angleterre n'est pas loin, juste de l'autre côté de la mer, et il décide donc d'embarquer par le premier bateau qui s'offre à lui. Camille et Jean le rejoignent peu après. À Londres, il fait une importante rencontre, celle de Paul Durand-Ruel, un marchand de tableaux parisien, lui aussi réfugié en Angleterre. Il sait tout de suite déceler le talent du jeune peintre. Dorénavant, hormis quelques périodes de difficultés financières, Durand-Ruel sera un soutien permanent, personnel et professionnel. Après la Commune, la famille Monet ne rentre pas directement à Paris. La perspective de trouver un pays dévasté, des maisons détruites, joue sans doute un rôle dans ce détour par la Hollande. En juin 1871, tous les trois débarquent à Zaandam, un

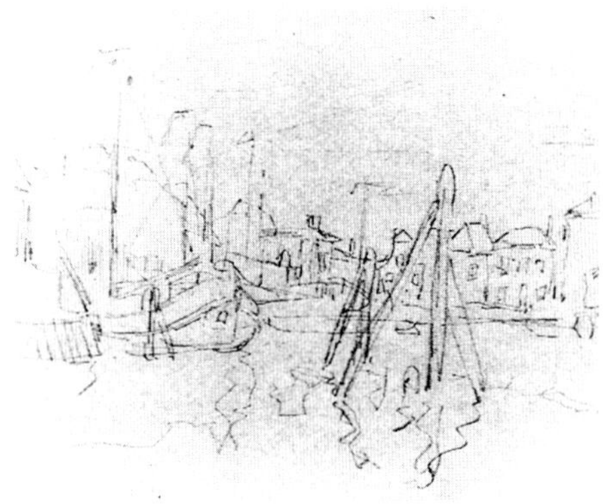

Le Port de Zaandam (dessin), 1871.

village près d'Amsterdam, où ils passent l'été, apparemment tranquillement, comme en témoignent les toiles que peint Monet : des vues du village construit sur les canaux, des ciels sereins, des moulins au bord de l'eau.

Le retour en France marque l'ouverture d'une période heureuse. Monet vend des toiles à Durand-Ruel : les rentrées d'argent, sans être exceptionnelles, se font donc plus régulières, son talent commence à être reconnu, et, surtout, le village d'Argenteuil, où la famille s'installe – successivement dans deux maisons entre 1871 et 1877 –, est une source d'enchantement pour Monet. Il peint le jardin de la maison, souvent avec Camille et Jean, des vues de la campagne alentour, les bords de la Seine, les champs, et des scènes modernes où apparaissent des trains, des ponts de chemin de fer. C'est une vraie nouveauté dans le monde de la peinture. Les trains sont apparus en France dans les années 1830, modifiant considérablement le paysage et la vie quotidienne des Français, des Parisiens surtout. Si l'on utilise et si l'on apprécie ces moyens de transport nouveaux, on ne leur trouve pas pour autant de grâce particulière. On s'étonne alors de voir des peintres s'y intéresser. C'est une des caractéristiques de l'impressionnisme que de s'attacher au monde moderne. Et si le train est le symbole par excellence de la modernité au milieu du XIXe siècle, d'autres motifs en sont des exemples : les sports, les loisirs, le Paris d'Haussmann sont autant de témoignages d'un monde en mutation. Monet observe et vit cette modernité comme beaucoup de ses contemporains et sa peinture est le reflet d'une vie dans l'air du temps. Son installation en banlieue – la notion de banlieusard date de la fin du XIXe siècle –,

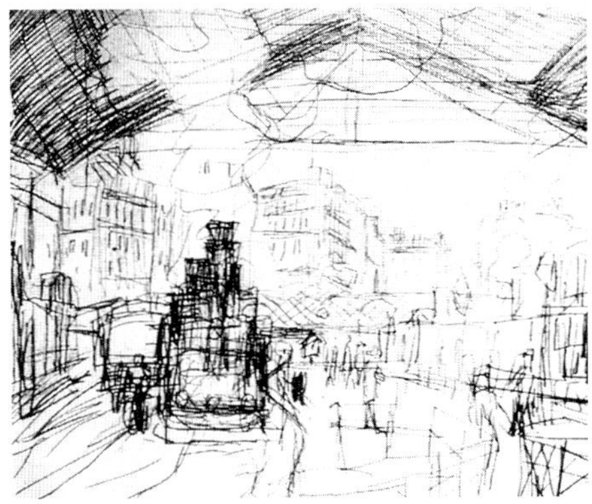

La Gare Saint-Lazare, coté banlieue (dessin), vers 1877.

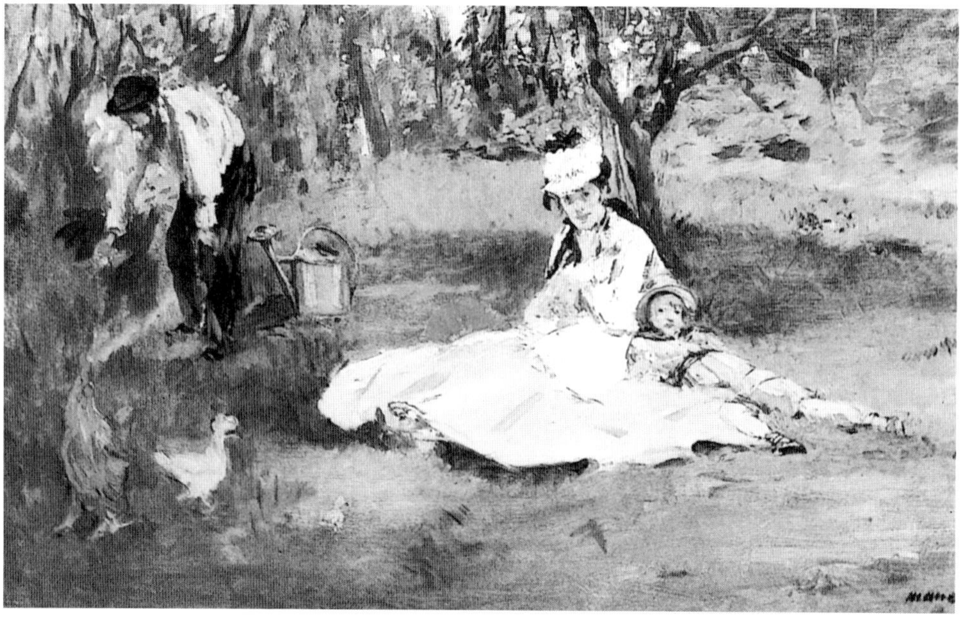

Manet, *La Famille Monet au jardin*, 1874.

sa pratique du canotage, du jardinage, font partie de l'existence du Parisien bien de son époque. La campagne qu'il représente n'est plus celle de Corot ou de Millet, peuplée de paysans et de vaches, c'est une campagne urbanisée, habitée de Parisiens, de bateaux à voile, de promeneurs en habits de citadin.

Les scènes de jardin sont aussi les images d'un nouveau mode d'existence. Dans le *Déjeuner* (1873-1874), Monet décrit un instantané de la vie de ces nouveaux banlieusards. Le petit Jean est assis à l'ombre des arbres, Camille est à l'arrière-plan, à côté d'une autre jeune femme. Le déjeuner est terminé, une ombrelle et un panier sont posés sur le banc, peut-être à la suite d'une promenade. Cette toile est aussi, comme beaucoup d'autres de la même période, le témoignage d'une époque de bonheur familial. Jusqu'en 1876, Monet représente de nombreuses fois ce jardin, parfois avec ses amis peintres qui habitent non loin, et qui viennent passer quelques heures en sa compagnie. Un après-midi de l'été 1874, Manet et Renoir lui rendent visite. Manet peint *La Famille Monet au jardin*, Monet représente Manet à son chevalet (œuvre perdue), Renoir, *Madame Monet et son fils*.

Autre sujet cher à Monet pendant cette période d'Argenteuil, les promenades, au bord de la Seine ou dans les champs environnants. Là encore l'atmosphère témoigne d'une vie sereine et dans l'air du temps. Et de l'extrême maîtrise qu'a acquise Monet en matière de paysage. Dans le *Bassin d'Argenteuil* (1872), il choisit le point de vue du promeneur, longeant la Seine à l'ombre des arbres qui bordent le chemin. Des nuages blancs et cotonneux, qui essaiment le ciel d'été, bleu pâle, s'enfuient vers l'horizon. La ligne des arbres, à gauche, dessine une diagonale ascendante, qui accentue le mouvement de fuite. Le pont routier qui enjambe le fleuve constitue une horizontale vers laquelle convergent toutes ces lignes. L'air qui circule entre le ciel et le sol est transparent, léger, permettant à la lumière du soleil de colorer d'un scintillement éclatant l'herbe, l'eau, les voiles blanches des bateaux. Monet choisit à plusieurs reprises ce point de vue le long de la Seine, soit vers l'amont soit vers l'aval, car il lui permet d'embrasser en un seul coup d'œil l'eau, la verdure du chemin et des arbres, le ciel large et clair.

Depuis 1871, devant la sévérité du jury des Salons officiels, Monet a renoncé à présenter ses œuvres. Avec Renoir, Pissarro, Sisley et quelques autres, il décide de constituer une société d'artistes dans le but d'organiser des expositions indépendantes. Forte d'une trentaine de membres – dont Degas, Morisot, Cézanne, Boudin –, la société ouvre les portes de sa première exposition le 15 avril 1874, dans l'atelier de Nadar, au 35, boulevard des Capucines. Scandale ! Les critiques et le public sont outrés de voir sur les murs des toiles non respectueuses des règles académiques, fortes de couleurs vives, de sujets trop modernes. On traite les peintres de fous ou de daltoniens, les journaux rivalisent de caricatures raillant ces barbouilleurs. Louis Leroy, chroniqueur au *Charivari*, commente *Impression, soleil levant* :

« – Que représente cette toile ?

– Voyez au livret. *Impression, soleil levant*.

– Impression, j'en étais sûr. Je me disais aussi, puisque je suis impressionné, il doit y avoir de l'impression là-dedans[4]. »

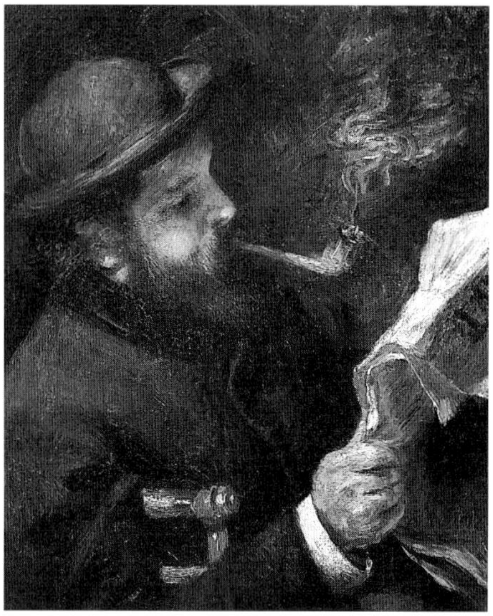

Renoir, *Monet lisant*, 1872.

Le terme est ainsi né, et Monet fait figure de chef de file. Sa place n'est guère à envier, c'est lui le plus critiqué, le plus fou de tous. Mais il ne semble pas affecté pour autant, ces querelles sont pour lui sans importance et ne viennent en rien altérer sa boulimie de travail.

En 1878, débordé par des difficultés financières, Monet quitte Argenteuil et s'installe à Vétheuil avec Camille, Jean et Michel, leur deuxième fils né l'année précédente. Avec eux vient habiter Ernest Hoschedé, un négociant en tissu et amateur d'art, ruiné depuis peu, avec sa femme Alice et leurs six enfants. Ses tableaux d'alors n'ont pas le caractère urbain de ceux d'Argenteuil, ils représentent une campagne encore totalement rurale, sans Parisiens ni voiliers. Les promenades au bord de l'eau ou au milieu des champs ne sont plus des sujets propices, et c'est donc le paysage seul qu'il décide de fixer sur la toile. Par toutes les saisons et sous toutes les lumières, il peint la Seine, vide et silencieuse, le village, calme et lointain, la vie de la campagne.

« Il a vu Londres, il a exprimé Londres, dans son essence propre, dans son caractère, dans sa lumière... »

Octave Mirbeau, préface au catalogue des Vues de la Tamise à Londres, Paris, 1906.

En septembre 1879, la mort de Camille l'affecte douloureusement. Et sa peinture s'en ressent. Les mois qui suivent, il ne sort guère de chez lui, où il peint des natures mortes de fleurs, de fruits et de gibiers. Puis, c'est l'hiver qui survient, un hiver terrible pendant lequel la Seine est prise par les glaces. Il se décide alors à reprendre son travail en plein air, au moment du dégel qui produit une formidable débâcle. Paysages désolés, lugubres, proches de ce que l'on peut imaginer de la fin du monde. Monet est triste, les beaux jours ne reviendront pas. Jusqu'en 1883, la situation ne s'améliorera guère. Il déménage pour Poissy, accompagné de ses deux fils, d'Alice Hoschedé et de ses enfants. Le pays ne lui plaît guère. Il le fuit bien souvent, pour la côte normande, Pourville, Varengeville ou Dieppe. Il plante son chevalet au sommet de la falaise, et, seul au-dessus de la mer, il peint des paysages sauvages, sans traces de civilisation, des collines herbues au premier plan, une étendue bleue au loin, où le ciel et l'eau se confondent. À Étretat, les impressions semblent plus fortes. Il s'installe sur la plage, plus près du bruit des vagues, au pied des énormes rochers, qui sont comme des monstres inébranlables, battus par des flots incessants. Là, Monet retrouve de l'énergie. La mer ne le déçoit jamais, ses forces vives le stimulent, remettent la machine en marche.

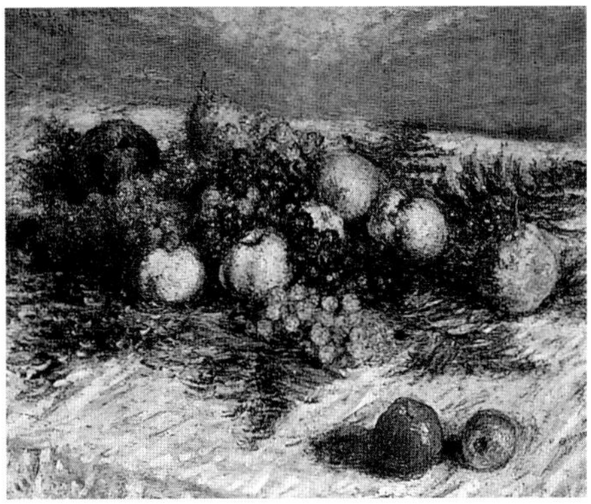

Poires et raisin, 1880.

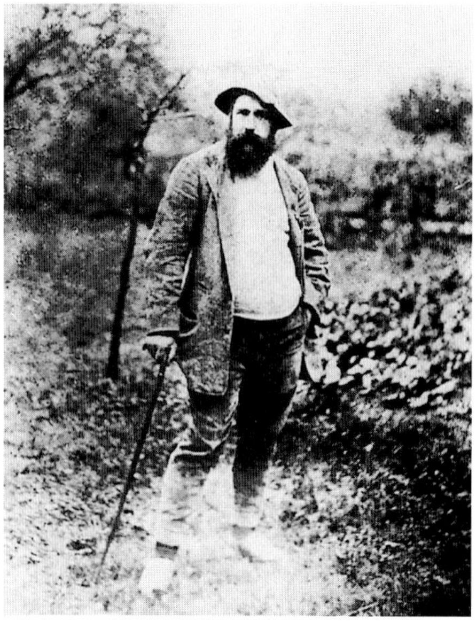

Monet à Giverny, photographie, vers 1880.

En 1883, il découvre Giverny, un village situé au confluent de la Seine et de l'Epte, à quelques kilomètres de la Normandie. Une maison à louer, entourée d'arbres fruitiers en fleurs, le séduit immédiatement. Il s'installe en avril, avec Alice et leurs enfants respectifs. Le pays l'enchante et il espère y peindre des chefs-d'œuvre. Jusqu'à sa mort, il ne cessera d'améliorer la maison, le jardin, il construira une serre, installera ses ateliers, aménagera un bassin. Mais, pour l'heure, il est décidé à voyager. En l'espace de six ans, il se rend en Italie, sur la côte méditerranéenne, en Hollande, à Belle-Île, dans la Creuse. Ces séjours sont souvent longs, plus longs que ce qu'il prévoit en partant, ne sachant pas ce qui l'attend sur place et luttant souvent pour parvenir à capter des effets nouveaux pour lui. À Bordighera, en Italie, où il est en 1883-1884, il est dérouté par la lumière et les couleurs inhabituelles. Il est ébloui et ne sait quoi utiliser pour transcrire ce qu'il voit. « Quant au bleu de la mer et du ciel, c'est impossible[5] » ou : « il faudrait une palette de diamants et de pierreries[6] » et encore : « tout est gorge-de-pigeon et flamme-de-punch[7]. » Son art s'enrichit au contact de ces tons extraordinaires, il utilise des couleurs, des contrastes et des associations étonnantes. « Cela fera peut-être un peu crier les ennemis du bleu et du rose, car c'est justement cet éclat, cette lumière féerique que je m'attache à rendre[7]. » Les montagnes sont bleues ou roses, les arbres jaunes, les ciels verts. Tout est touffu, les palmiers s'entremêlent, se confondent avec les herbes. L'atmosphère est moite, floue d'humidité et de chaleur. Il retourne à Étretat, puis, en 1886, en Hollande, où il peint des champs de tulipes, qui sont

« une vraie fête des yeux[8] ». La même année, à l'automne, c'est Belle-Île, où il capte les effets du soleil sur les rochers battus par les vagues. « Par Belle-Île, Monet acheva de se révéler apte à peindre toutes les configurations du sol, tous les états de l'atmosphère, toutes les tranquillités et toutes les fureurs de l'eau. Il se montre aux prises avec une nature nouvelle pour lui, puisqu'il avait borné jusque-là ses courses vers l'ouest aux champs de Vétheuil et aux falaises normandes. On peut le dire sorti triomphant de la bataille qu'il est allé livrer aux lames de l'Océan et aux roches de Bretagne, son talent s'est trouvé de force et a pu vaincre cette terre granitique et ces eaux redoutables. Pour la première fois, la terrible mer de là-bas a trouvé son peintre et son poète[9]. » Des toiles presque exclusivement bleues, composées de milliers de touches de couleurs, comme les facettes d'une pierre taillée, qui créent des scintillements d'une extrême brillance.

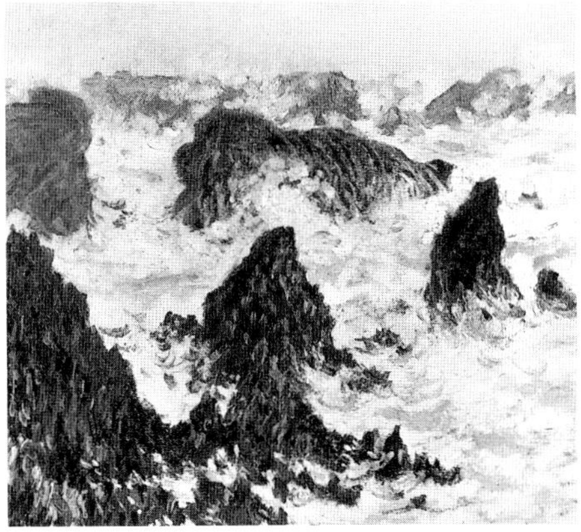

Mer démontée, 1886.

Dans la voie de la fragmentation des touches, le séjour dans la Creuse marque une étape supplémentaire. Monet s'installe sur les hauteurs, au-dessus de la rivière, à un endroit où elle dessine une courbe, au fond de la vallée profonde. En ce mois de mars 1889, le temps n'est guère ce qui convient à Monet. Froid, pluie, neige l'empêchent de peindre tous les jours, et il se décourage. Les jours où le soleil brille, la lumière semble trop forte : « J'ai failli y renoncer, car c'est aveuglant[10]. » Pas deux jours de suite qui se ressemblent, et c'est à en devenir fou. Mais Monet persiste car il sait ce qu'il peut arriver à obtenir de ce paysage. « Le soleil [se reflète] dans l'eau en paillettes de diamants[10]. » Et les collines sont comme des bijoux sertis de milliers de pierres précieuses : agates, escarboucles, rubis, améthystes, chrysoprases, grenats,

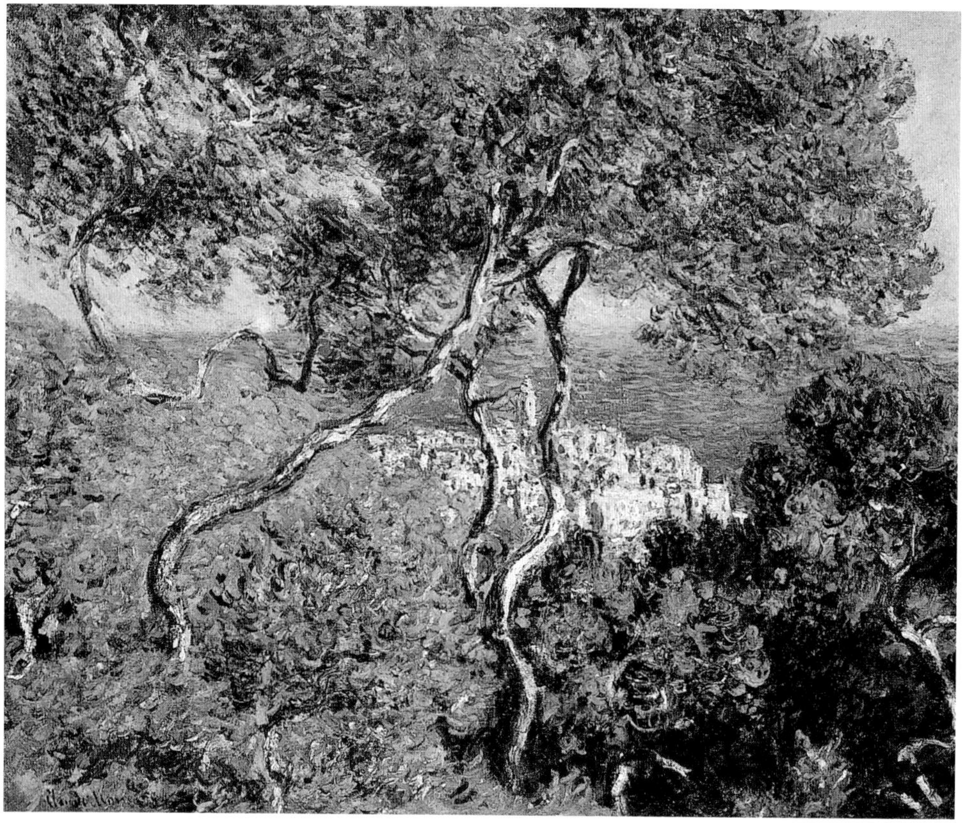

Bordighera, 1884.

calcédoines, alabandines... C'est la fin de l'hiver, la lumière est encore basse et caresse les pentes qui descendent vers la rivière, intensifiant les couleurs, leur donnant l'éclat le plus profond. Comme à Belle-Île, les roches sont découpées en multiples facettes, qui accrochent le moindre rayon de soleil. Alors, Monet décompose, multiplie les touches et sculpte la matière, grâce à ses seuls pinceaux et couleurs. Il creuse, modèle, malaxe, tel un sculpteur. Il sertit, taille et polit tel un lapidaire.

Cette longue période de voyage lui a offert de nouvelles lumières. Il a été ébloui, s'est désespéré de ne pouvoir transcrire tant d'éclat mais est finalement parvenu à dompter ces effets, à les soumettre à la technique de la peinture. Ses toiles ont ainsi gagné en épaisseur, en solidité, il s'est avancé sur le chemin de la matière, plus opaque, plus présente qu'auparavant. L'atmosphère même devient palpable, comme matérialisée.

« Soir : 6 heures... La majeure partie de la façade est maintenant plongée dans l'ombre. La ligne d'ombre a investi l'horloge et atteint presque la rosace. »

Joachim Pissarro, *Les Cathédrales de Monet, Rouen, 1892-1894*, Paris, 1990.

En 1890, il achète la maison de Giverny qu'il louait jusqu'à présent. Il voyagera encore par la suite, sur la côte normande, à Londres, à Venise et en Norvège, mais ses séjours seront plus espacés. En juillet 1892, après la mort d'Ernest Hoschedé, il épouse Alice, régularisant ainsi une situation depuis trop longtemps trouble. Il se fixe donc, à l'âge de cinquante ans, dans une maison qui est la sienne, entouré d'une grande famille de huit enfants. Et il peint à Giverny, dans le jardin ou aux alentours, quelques motifs choisis, des champs de coquelicots, des meules, des peupliers. À Rouen, ce sont des cathédrales, à Londres, le Parlement, les ponts de Waterloo et de Charing-Cross. Il peint des séries, le même motif des dizaines de fois, par tous les temps, toutes les lumières. « Il sait [...] que l'artiste peut passer sa vie à la même place et regarder

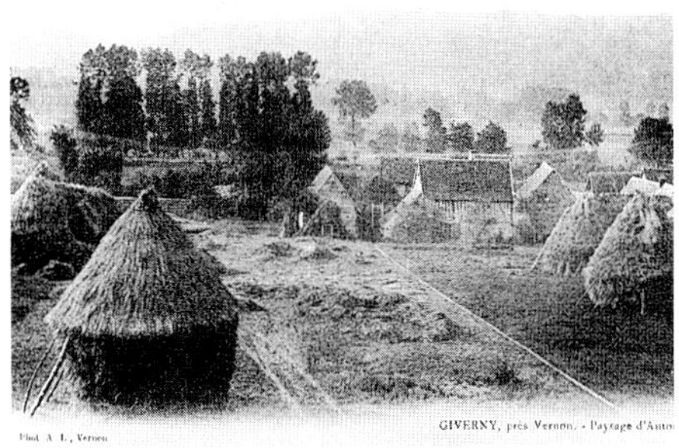

Carte postale de Giverny, fin du XIXe siècle.

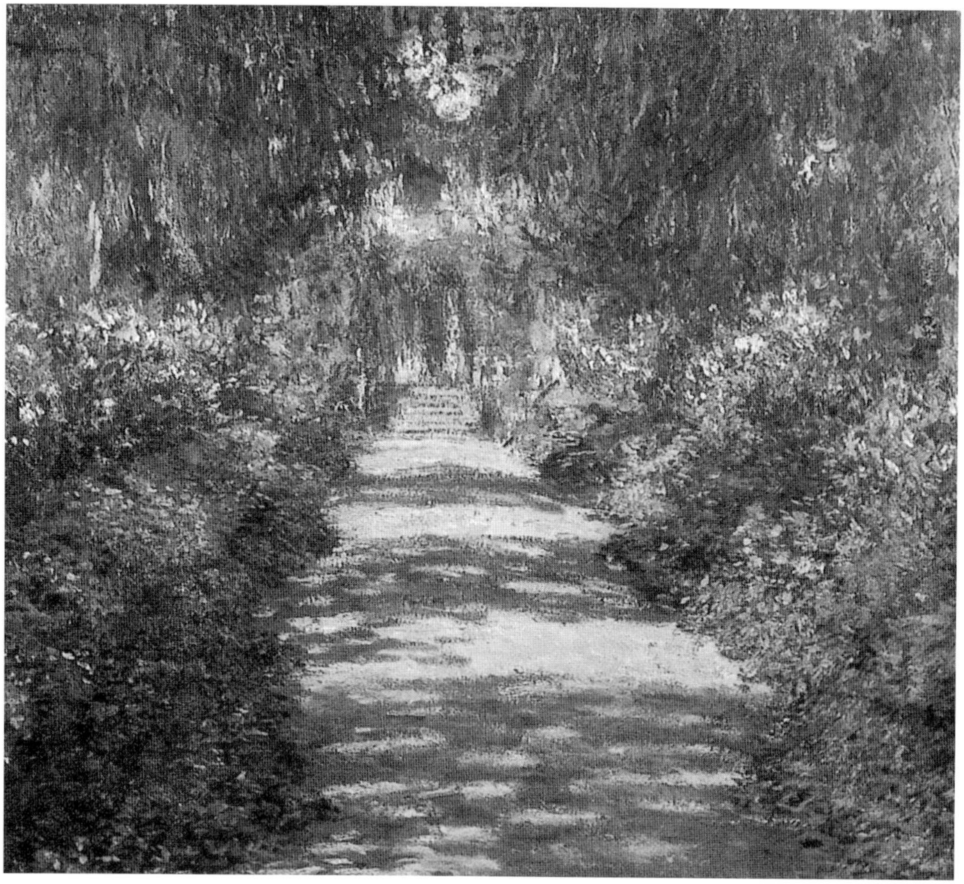

Le Jardin de Monet à Giverny, 1902.

autour de lui sans épuiser le spectacle sans cesse renouvelé[9]. » Sa première grande série est consacrée aux meules. « À deux pas de sa maison tranquille, de son jardin où flambe un incendie de fleurs, il s'arrête sur la route, un soir de fin d'été, il regarde le champ où se dressent les meules, l'humble terre attenante à quelques basses maisons, circonscrite par les collines prochaines, pavoisée de l'incessant défilé de nuages. C'est au bord de ce champ qu'il reste ce jour-là et qu'il revient le lendemain et le surlendemain, et tous les jours, jusqu'à l'automne, et pendant tout l'automne, et au commencement de l'hiver[9]. » Ce qu'il cherche à restituer, c'est l'instantanéité. Alors, il passe d'une toile à l'autre, abandonnant l'une pour l'autre à chaque changement d'effet. Pour capter l'instant, il doit aller vite. D'autant plus vite que son œil aiguisé perçoit les plus infimes variations de lumière, celles que d'autres ne perçoivent pas. Ce que remarque Gustave Geffroy : « Nous ne voyons pas du tout les choses de la même façon. J'ouvre les yeux et je vois des formes, des nuances de colorations, que je tiens, jusqu'à preuve du contraire, pour l'aspect passager des choses comme elles sont. Mon œil s'arrête à la surface réfléchissante et ne va pas plus loin. Avec vous, c'est une autre affaire[9]. » Ce qu'il a appris de ses voyages à Belle-Île et dans la Creuse, il s'en sert à présent pour transcrire ces sensations fugaces. L'étendue de sa gamme de couleurs s'est considérablement enrichie, il peut désormais s'attacher à chaque minute, à chaque seconde qui passe. Sa palette et sa technique rejoignent l'infinie subtilité des variations de la lumière, ne font plus qu'un avec elle. Les titres qu'il attribue à ses toiles en sont le reflet : *Meule au soleil* ; *Meules, fin de l'été, effet du matin* ; *Meules, fin de l'été, effet du soir* ; *Meules, effet de neige, le matin* ; *Meule, effet de neige, temps couvert* ; *Meules, effet de gelée blanche* ; *Meule, dégel, soleil couchant*, etc.

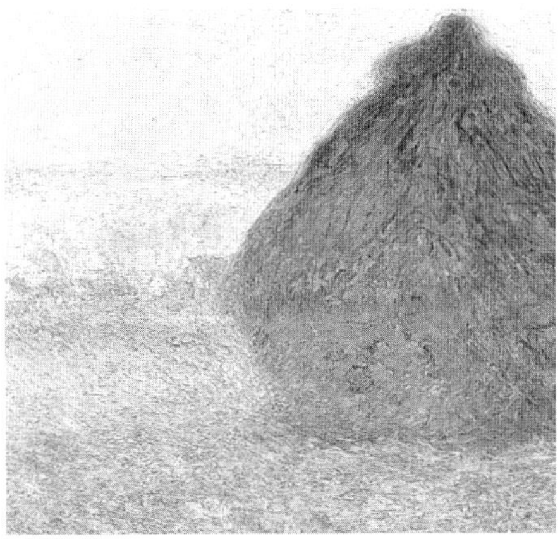

Meules, soleil couchant, 1891.

Avec les séries, Claude Monet cherche plus à restituer un moment, une réalité temporelle plutôt que matérielle. Le sujet lui-même s'estompe au profit de l'instant dans lequel il est perçu. Mais, paradoxalement, l'élément immatériel qu'il transcrit a la solidité et l'épaisseur de la matière. Ceci est encore plus perceptible avec la série des Cathédrales à laquelle il travaille en 1892 et 1893. Cet édifice est sans doute le motif le plus imposant et monumental que le peintre pouvait choisir. « Avec les vues, ou plutôt les visions de la cathédrale de Rouen, ce grand artiste consciencieux et ambitieux a plus que jamais tenté et réussi l'impossible. Je n'ai jamais mieux compris ce qu'il cherche et avec quelle volonté il veut le trouver. Cette fois, il semble que l'obstacle matériel a disparu. Toute idée de peinture, de moyens employés, de couleurs mélangées, s'en va. L'art de Monet épuré, dépouillé, purifié, pourrait-on dire, de tout alliage visible, conquiert un espace invisible de lumière, et une vérité plus grande resplendit[11]. » L'obstacle matériel a disparu. Et pourtant, « la pierre, allégée de lumière, demeure dure et résistante sous le poids des siècles. La masse tient bon, solide dans l'estompe de brume, attendrie sous les ciels changeants, éclatant en poudreuse fleur de pierre dans l'embrasement du soleil[11]. » Ainsi, par la recherche de la transcription d'un instant toujours plus bref – et donc d'un travail de plus en plus rapide : « Quatorze toiles aujourd'hui, jamais pareille chose ne m'est arrivée[9] » –, Monet s'enfonce plus avant dans la matière. La composition même de ces toiles ne laisse que peu de place à autre chose que la pierre. Un peu de ciel dans le haut, le reste de la toile est envahi par la masse du monument. Comme si Monet s'immergeait dans la masse, aspiré par elle et incapable de s'en détacher.

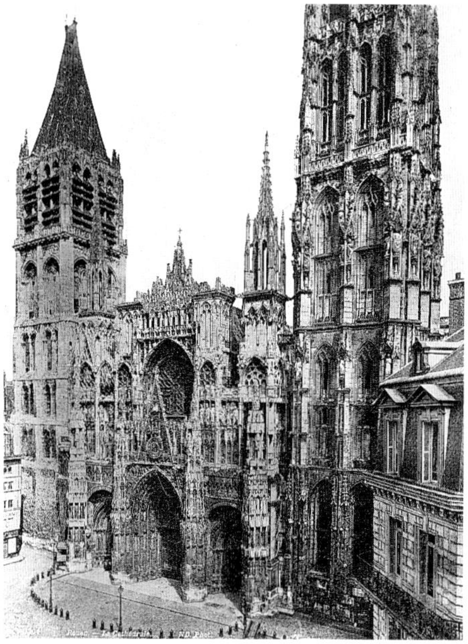

Photographie de la cathédrale de Rouen, que possédait Monet.

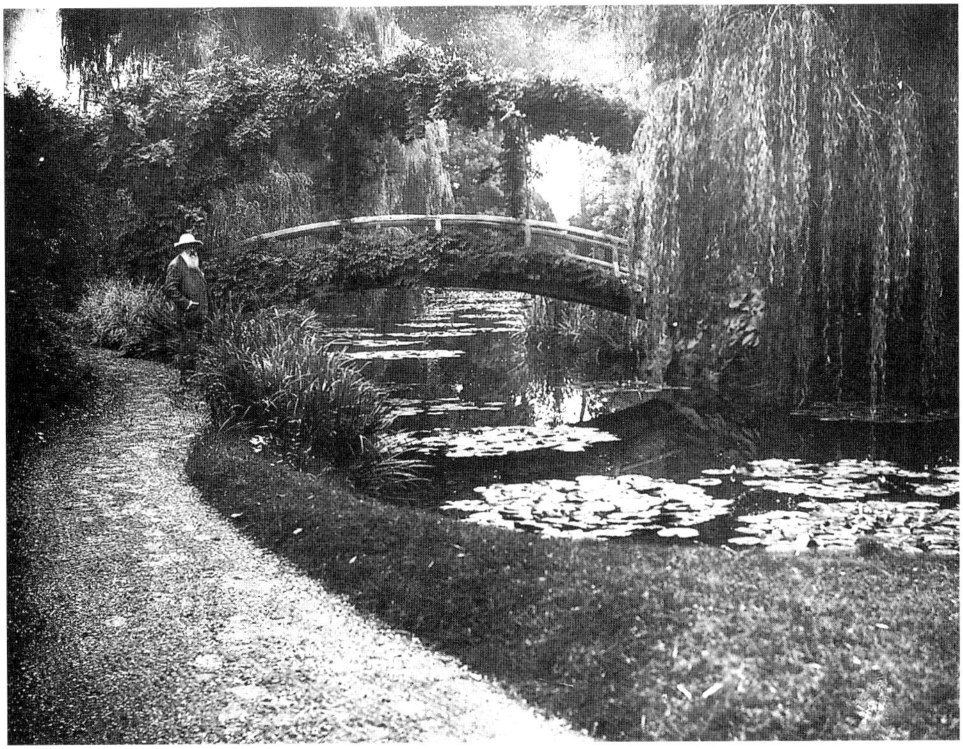

Photographie de Monet au pont japonais.

« *À la surface des eaux, les* Nymphéas, *portés par les puissantes palettes de leur feuillage, attendent immobiles l'accomplissement des destinées.* »

Georges Clemenceau, *Claude Monet, Les Nymphéas*, Paris, 1928.

Un pas de plus, un dernier, est franchi lorsqu'il se plonge dans la série des *Nymphéas*. Depuis son installation à Giverny, le jardin a pris une importance grandissante dans sa vie. Lorsqu'il s'en éloigne, il confie à Alice une quantité de recommandations et craint toujours de voir ses fleurs mourir pendant son absence. Des jardiniers sont

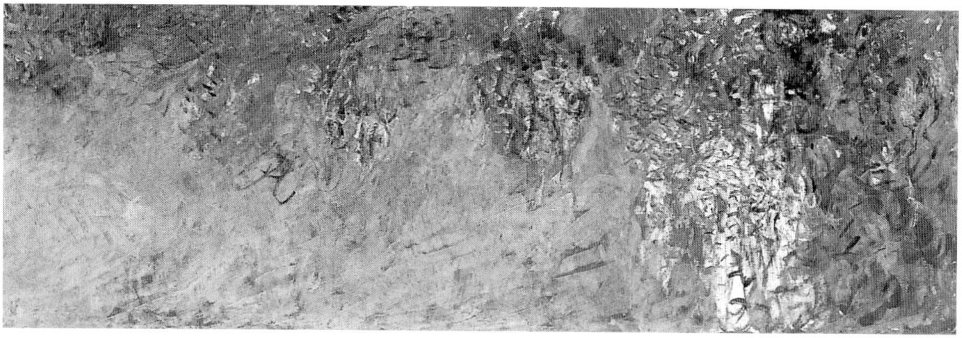

Glycines, 1920.

embauchés, mais Monet veille personnellement à la composition des parterres, assortissant les couleurs en fonction des périodes de floraison de chaque plante. Toujours à la recherche de nouvelles espèces, il visite les jardins botaniques, rencontre des horticulteurs et se fait envoyer de pleines caisses de plants des diverses villes où il séjourne. Et puis, il aménage de nouvelles installations, notamment une serre, et surtout un bassin, surmonté d'un pont courbé, dans lequel il fait pousser des nymphéas. Dès 1895, il plante son chevalet devant cet étang fleuri et compose des tableaux pleins de verdure, des jungles de saules pleureurs, d'ajoncs, de glycines, rompues seulement par l'arc du pont au centre de la toile. Mais, plus il regarde le bassin et plus il se sent attiré par la seule surface de l'eau, recouverte de nymphéas. Il peint alors des paysages d'eau, extraits du bassin coupé de tout environnement. Carrés d'eau, bleus, verts, roses, mauves, ponctués de quelques taches blanches ou roses, jaunes ou rouges, des nymphéas éclos ou en boutons. Mais il peint aussi les reflets des arbres, feuilles et troncs, des nuages et du ciel. Il introduit ainsi une nouvelle dimension, au-delà de la surface, vers les profondeurs, à l'opposé du ciel. De l'autre côté du miroir, il découvre un autre monde, « un infini

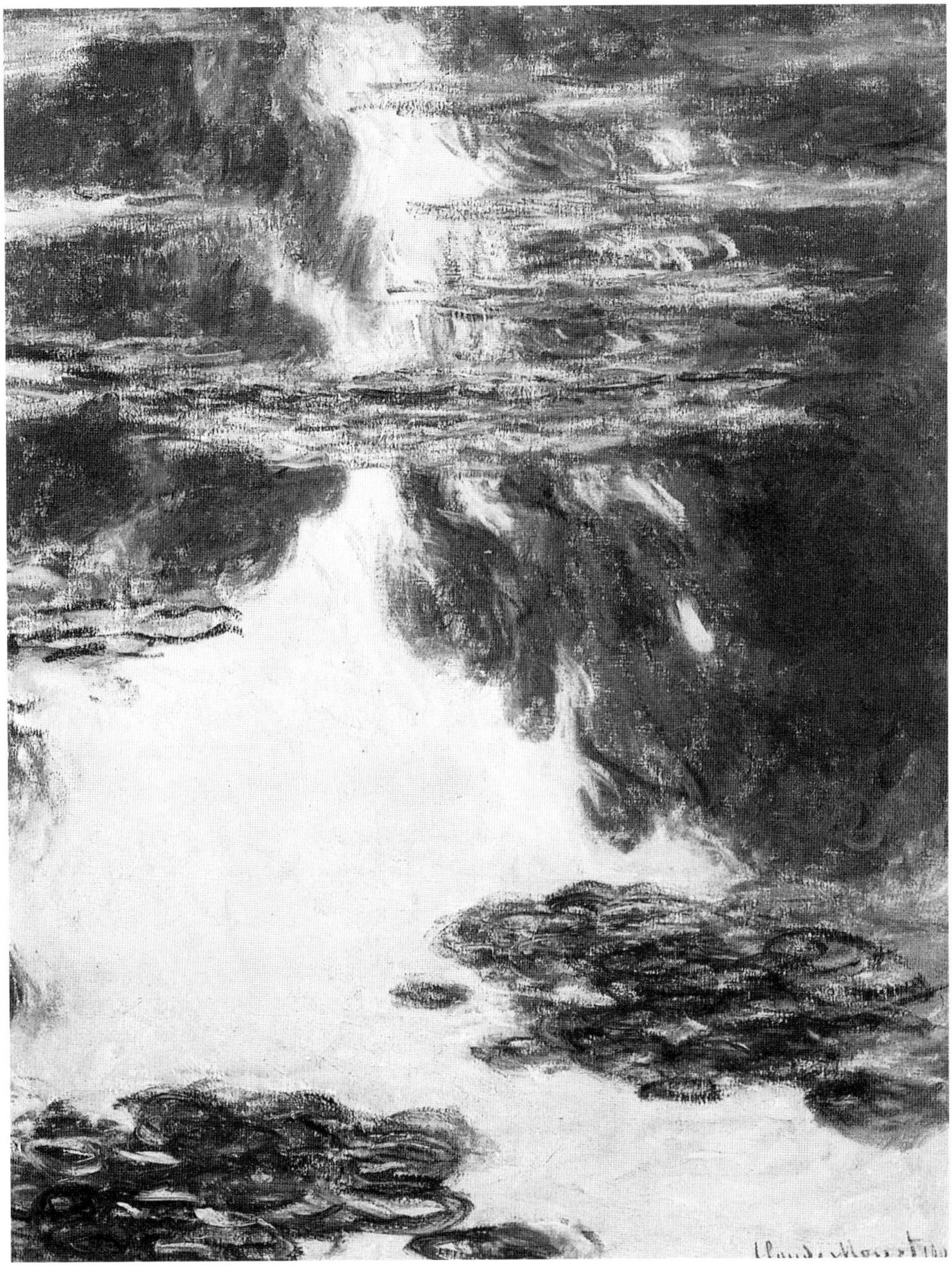

Nymphéas,
paysage d'eau,
1907.

de formes et de nuances, la vie complexe des choses[9] ». Dans cette toute petite mare, il réinvente le paysage pour en faire un raccourci du monde. « Puis, chaque tableau devient un monde, un de ces résumés d'un instant où l'impressionnisme de Claude Monet a su évoquer l'universalité des choses. Voici la surface de l'eau, lisse et calme, immobile, rigide et profonde, le plan établi par les feuilles plates des nymphéas. Sur cette eau, les boutons et les fleurs sont posés, s'ouvrent, éclatent, se referment. Au-dessous, le ciel avec ses nuages errants, les branches d'arbres qui se balancent, se mêlent aux arbres aquatiques, liées et déliées sans cesse par le courant paisible. [...] Tout bouge et tout vit dans ces admirables œuvres, et pourtant, toutes ont le magnifique calme de l'art, cette plénitude, cette sérénité, que possèdent seules les œuvres d'exception[9]. »

Monet parvient ainsi à la fin d'une longue vie de quatre-vingt-six ans, méditant devant quelques fleurs aquatiques, qui ont pour lui autant de richesse et de secrets cachés qu'un paysage complexe, composé de mille éléments différents. Doté dès son plus jeune âge d'une vue extrêmement sensible, ayant exploré les lumières méridionales et septentrionales, perçu les moindres variations d'intensité, il explore à présent les profondeurs de la matière, cherchant à en restituer les moindres particules. Les *Nymphéas* apparaissent alors comme des abstractions, ouvrant ainsi la voie à l'art du XXe siècle. Pourtant, aucune intention de cet ordre n'a jamais effleuré le peintre, il ne s'est jamais éloigné de la réalité matérielle, au contraire même, cherchant toujours à la restituer le plus fidèlement possible. Mais il faut cependant se souvenir que c'est face à une *Meule* de Monet que le jeune Kandinsky, celui qui allait devenir l'un des plus grands artistes abstraits, décide, en 1896, de devenir peintre : « Soudain, pour la première fois, je voyais un tableau. Ce fut le catalogue qui m'apprit qu'il s'agissait d'une meule. J'étais incapable de la reconnaître. Et ne pas la reconnaître me fut pénible. Je trouvais également que le peintre n'avait pas le droit de peindre de façon aussi imprécise. Je sentais confusément que l'objet faisait défaut au tableau. Et je remarquais avec étonnement et trouble que le tableau non seulement vous empoignait, mais encore imprimait à la conscience une marque indélébile, et qu'aux moments toujours les plus inattendus, on le voyait, avec ses moindres détails, flotter devant ses yeux[12]. »

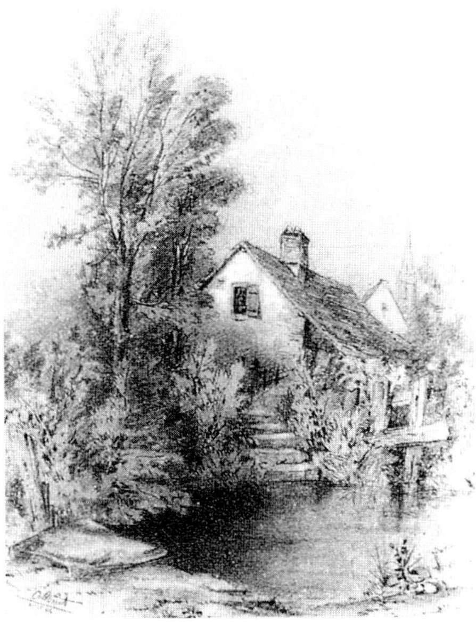

Les Bords de la Lézarde (dessin), vers 1856.

NOTES

1. Cité par Gustave Geffroy in *Monet, sa vie, son temps, son œuvre*, Paris, 1922, réédition 1980.

2. Claude Monet à Gérard Jean-Aubry, 1922, cité par Sylvie Patin in *Monet*, Paris, 1991.

3. Eugène Boudin à F. Martin, 28 août 1867, cité par Gérard Jean-Aubry in *Eugène Boudin, la vie et l'oeuvre d'après les lettres et les documents inédits*, Paris, 1968.

4. Louis Leroy, *L'Exposition des impressionistes*, le *Charivari*, 25 avril 1874.

5. Lettre de Claude Monet à Alice Hoschedé, 26 janvier 1884, citée par Daniel Wildenstein in *Monet, vie et œuvre*, Lausanne-Paris, 1974-1992.

6. Lettre de Claude Monet à Théodore Duret, 2 février 1884, citée par Daniel Wildenstein, *op. cit*.

7. Lettre de Claude Monet à Paul Durand-Ruel, 11 mars 1884, citée par Daniel Wildenstein, *op. cit*.

8. Lettre de Joris-Karl Huysmans à Odilon Redon, 28 juin 1886, citée par Sylvie Patin, *op. cit*.

9. Gustave Geffroy, *op. cit*.

10. Lettre de Claude Monet à Alice Hoschedé, 3 mai 1889, citée par Daniel Wildenstein, *op. cit*.

11. Georges Clemenceau, *Révolution de cathédrales*, *La Justice*, 20 mai 1895.

12. Wassily Kandinsky, *Regards sur le passé*, Paris, 1974.

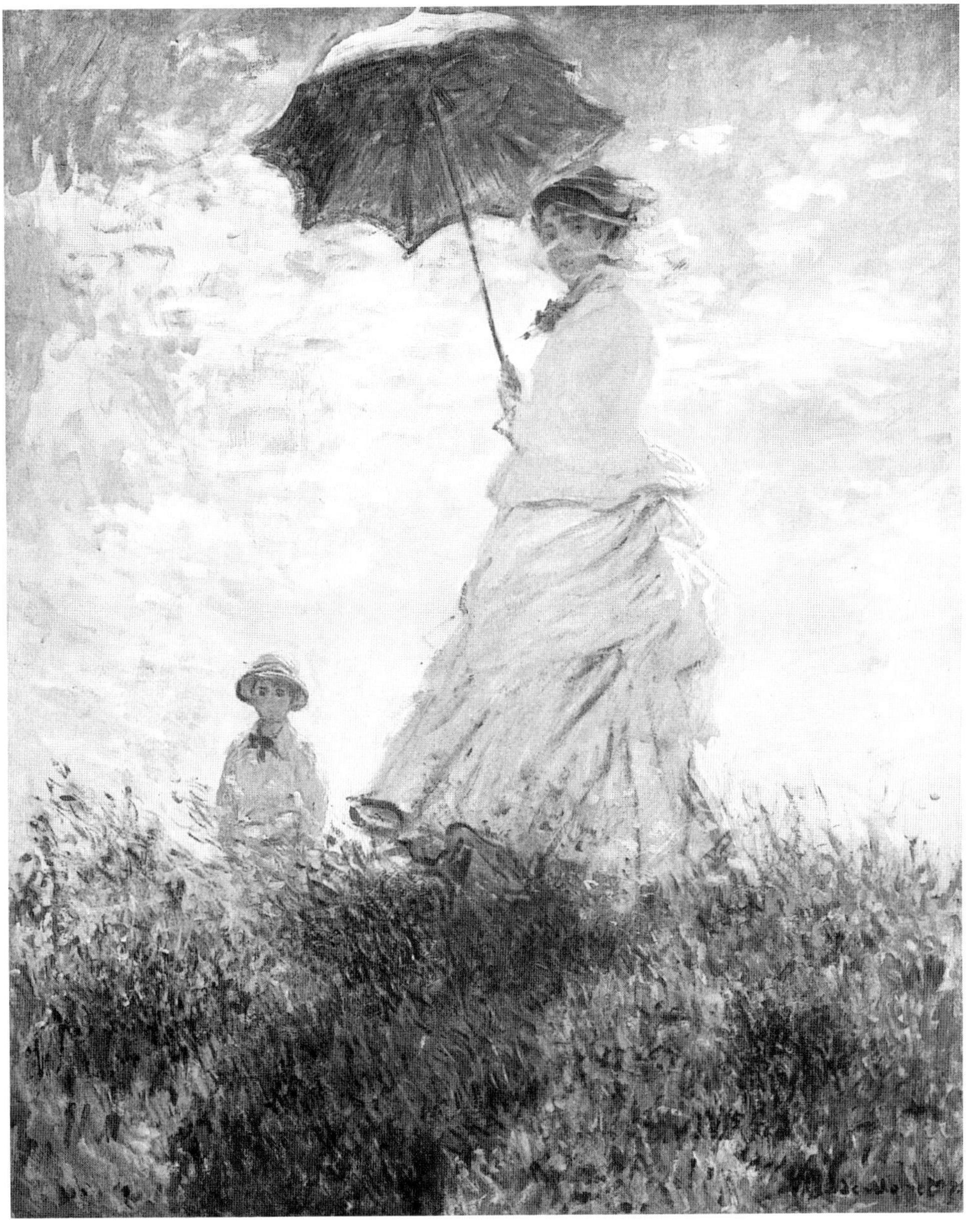

La Promenade. La Femme à l'ombrelle, 1875.

Femmes au jardin, 1866.

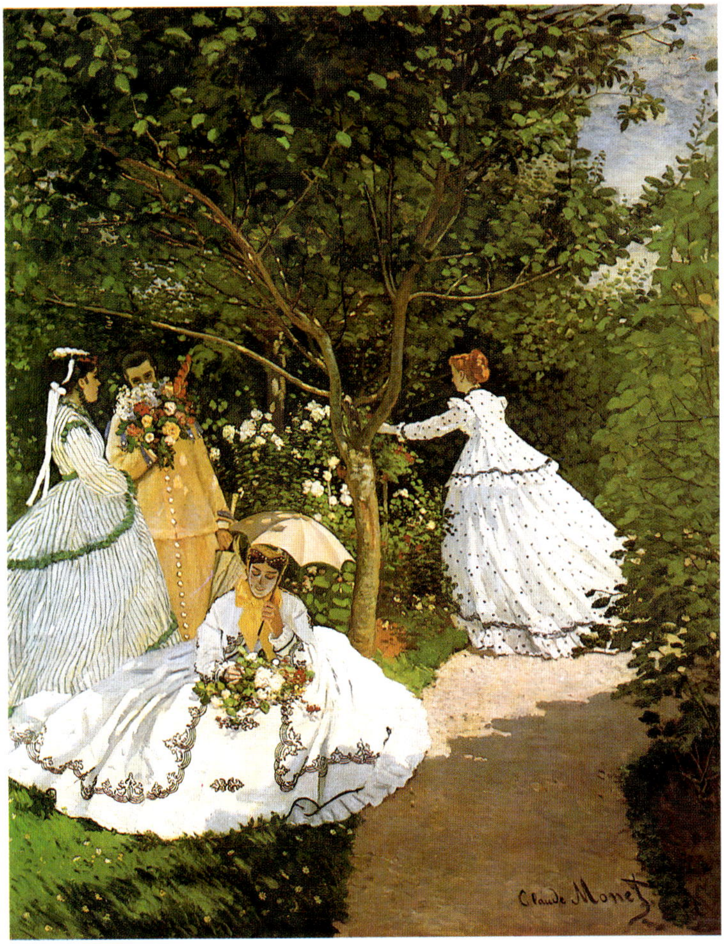

LES ANNÉES DE JEUNESSE

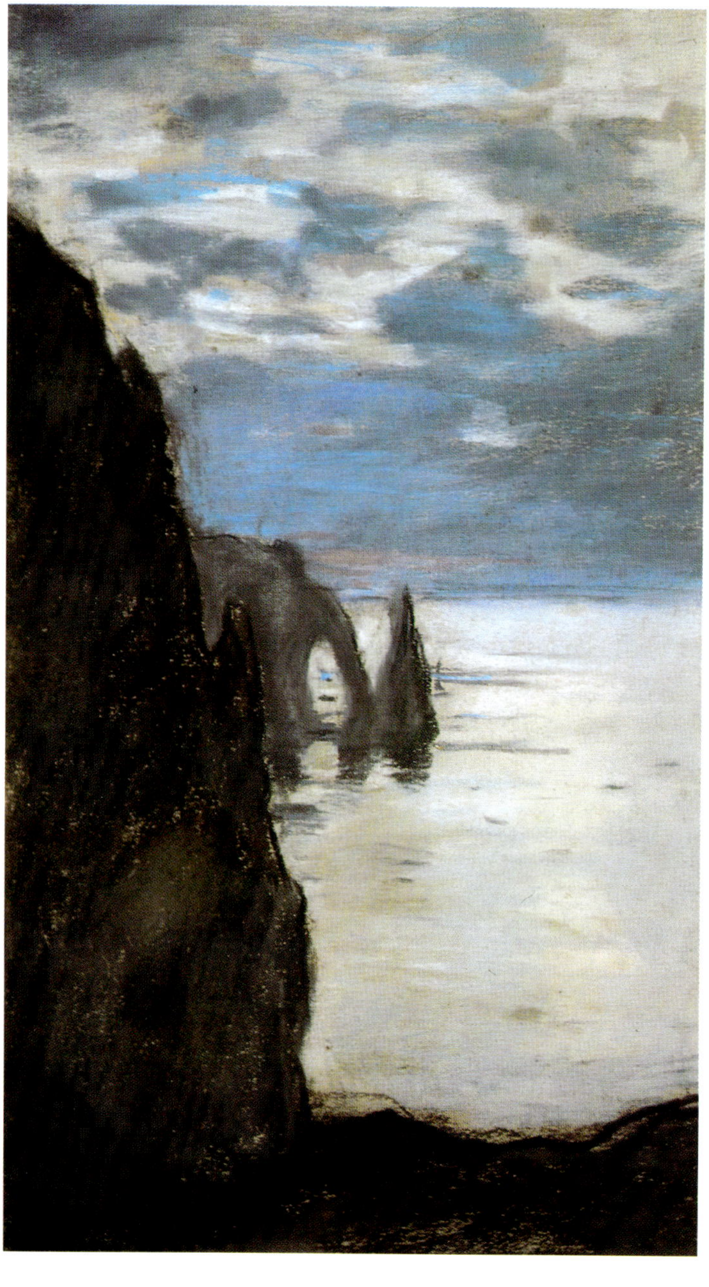

Étretat, 1861.

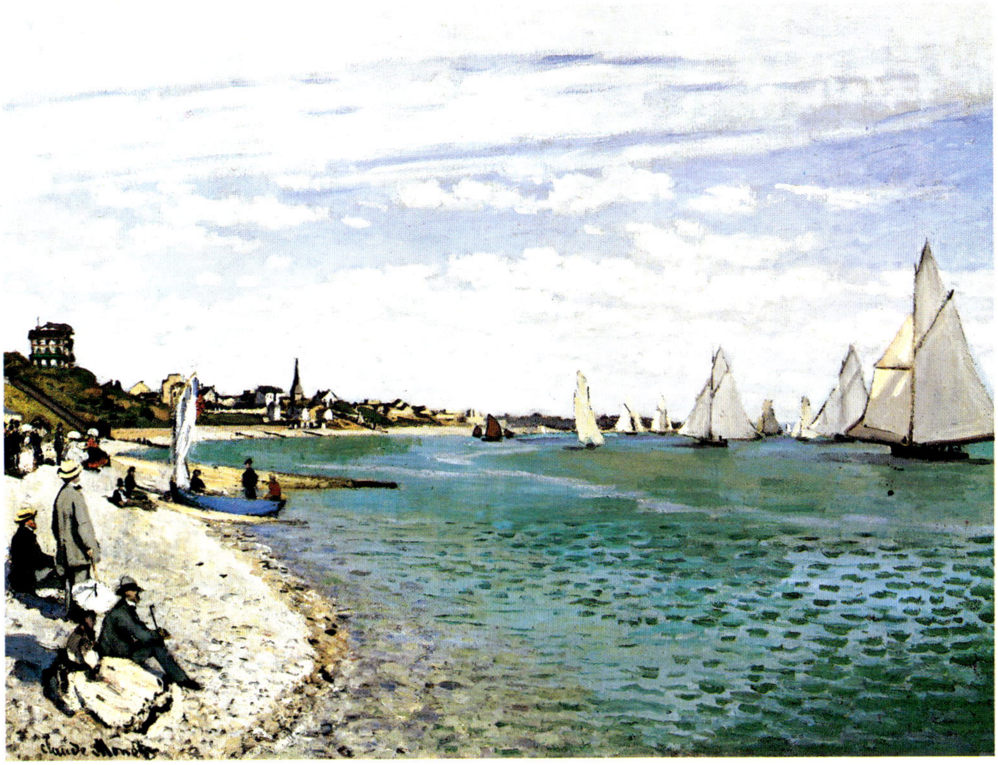

Les Régates à Sainte-Adresse, 1867.

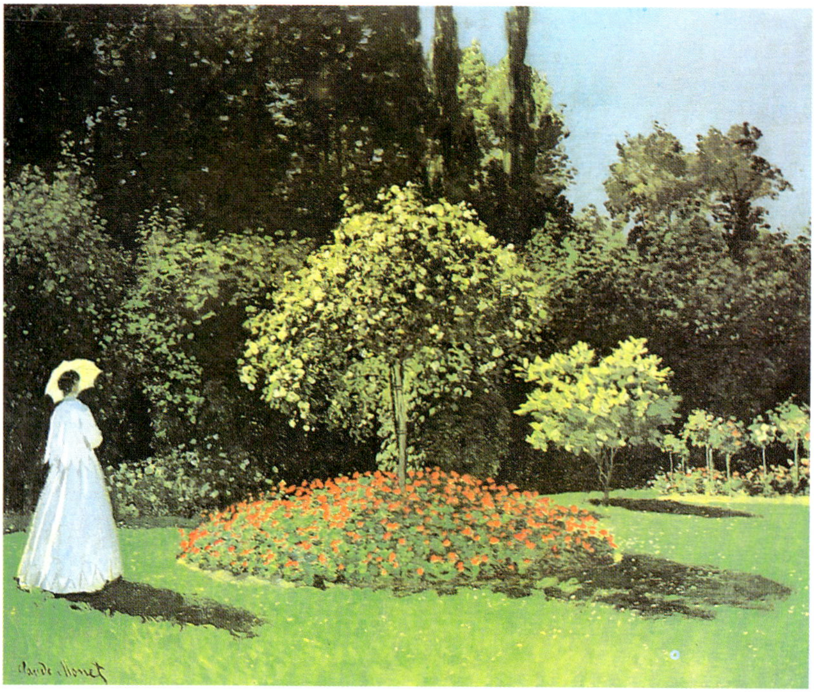

Dame dans le jardin. Sainte-Adresse, 1867.

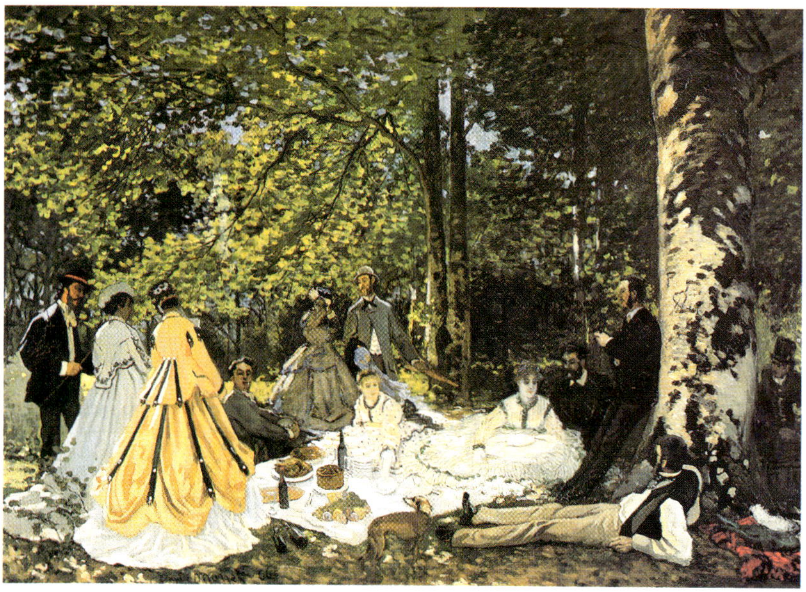

Le Déjeuner sur l'herbe, 1865.

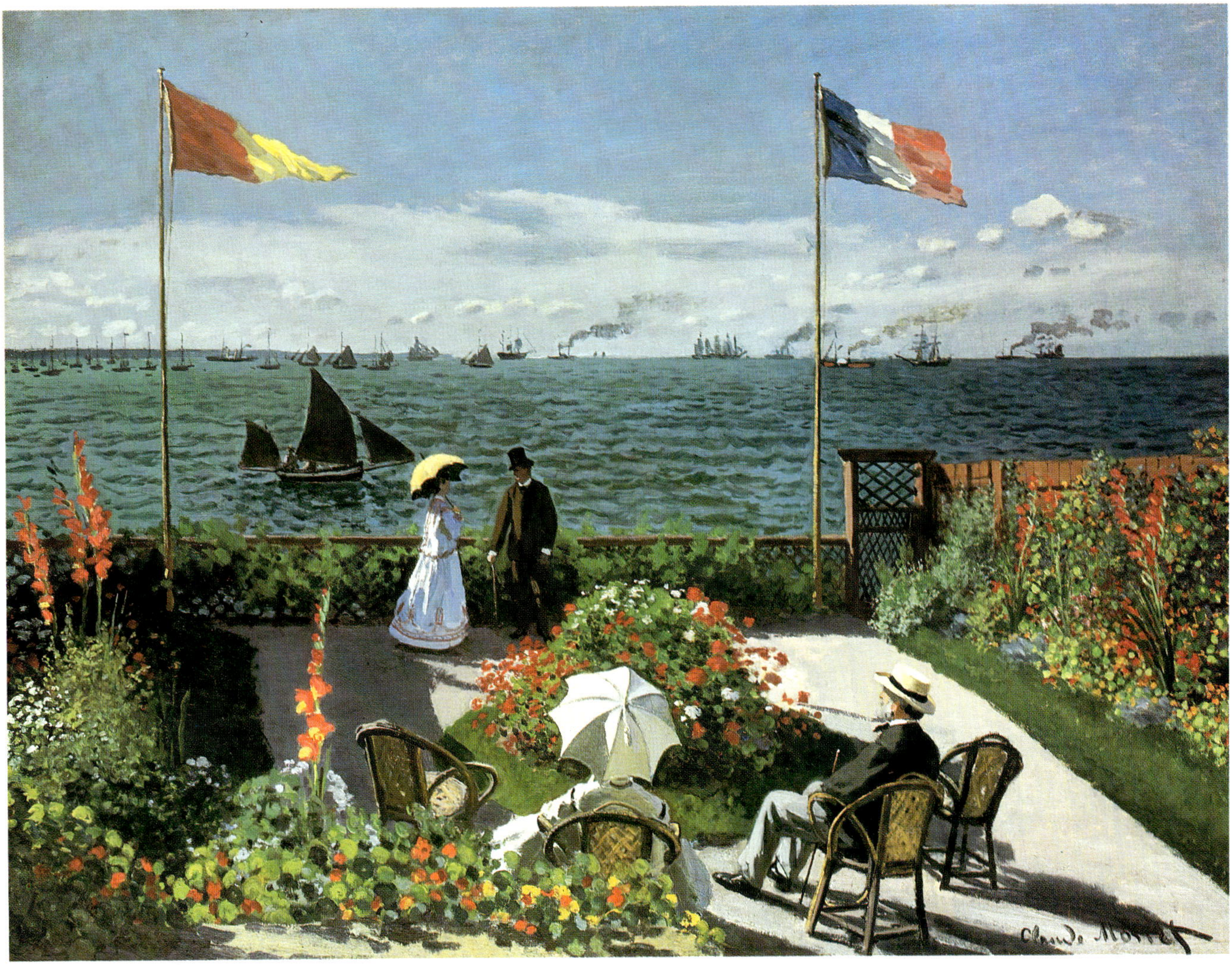

Terrasse à Sainte-Adresse, 1867.

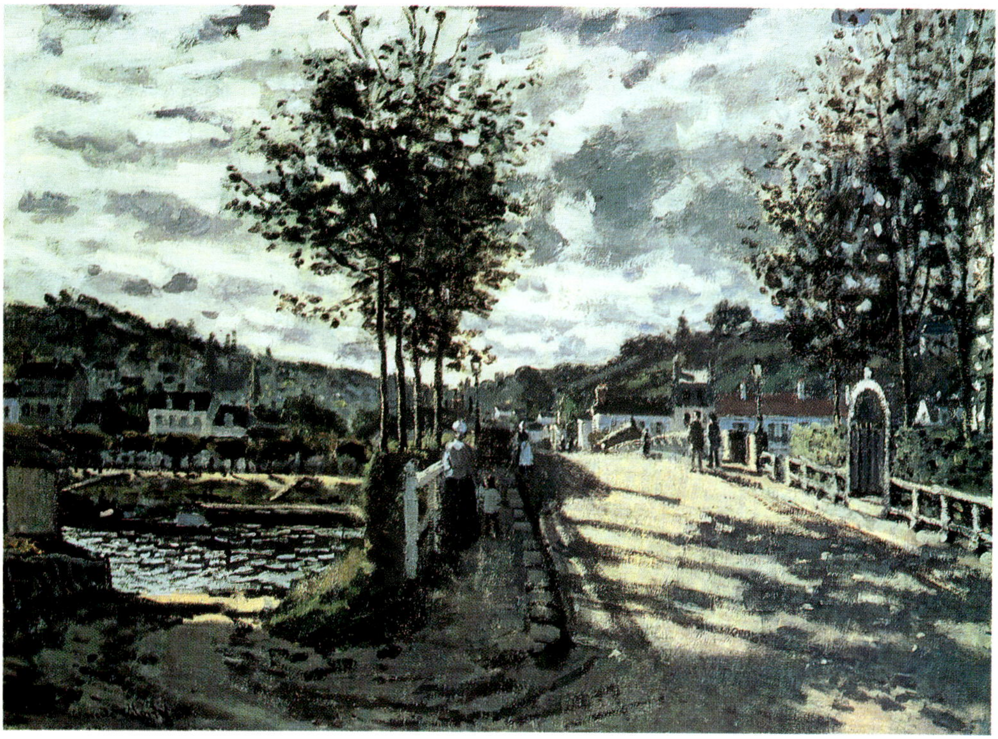

Le Pont de Bougival, 1869-1870.

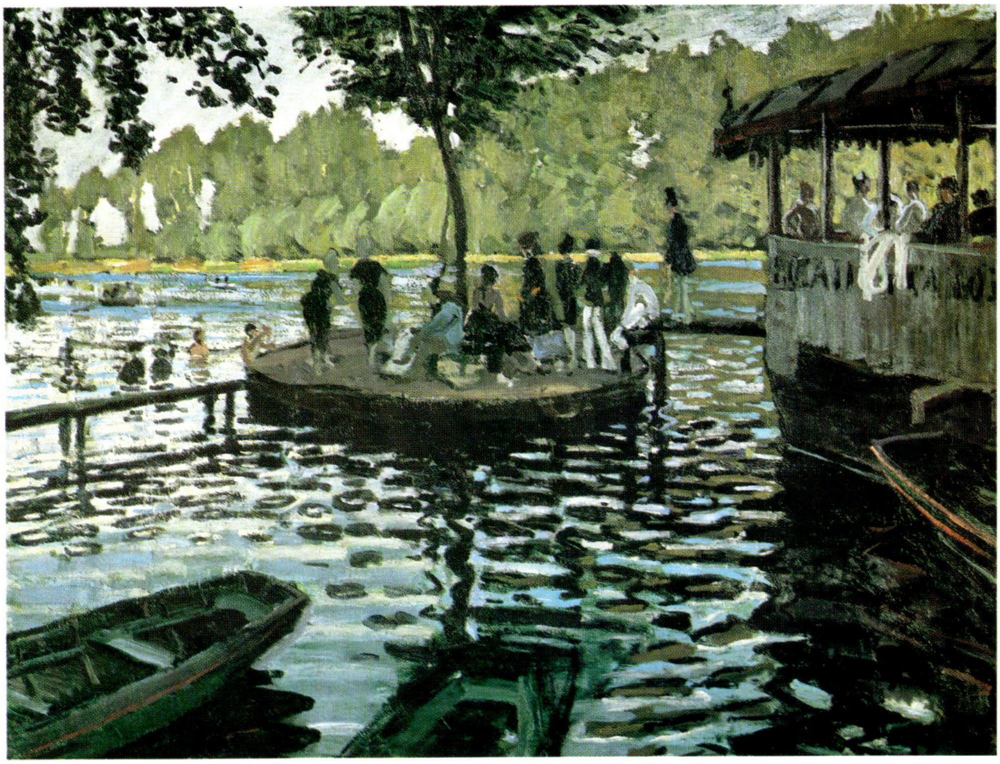

La Grenouillère, 1863.

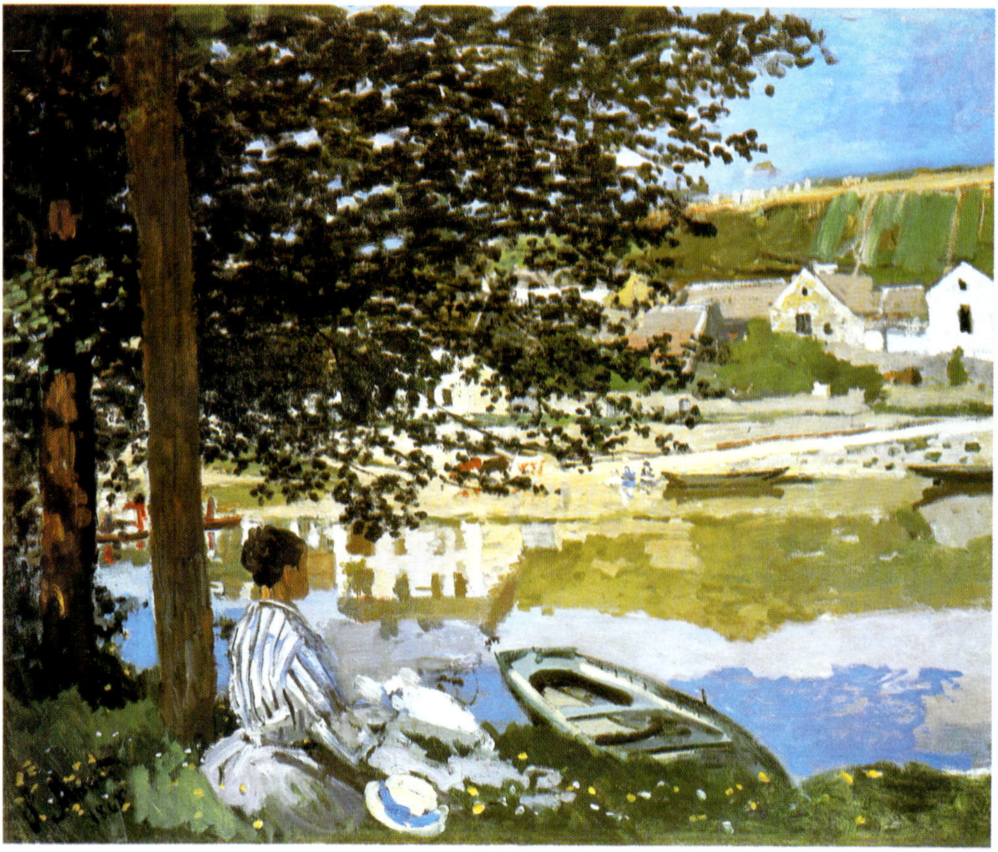

Au bord de l'eau, Bennecourt, 1868.

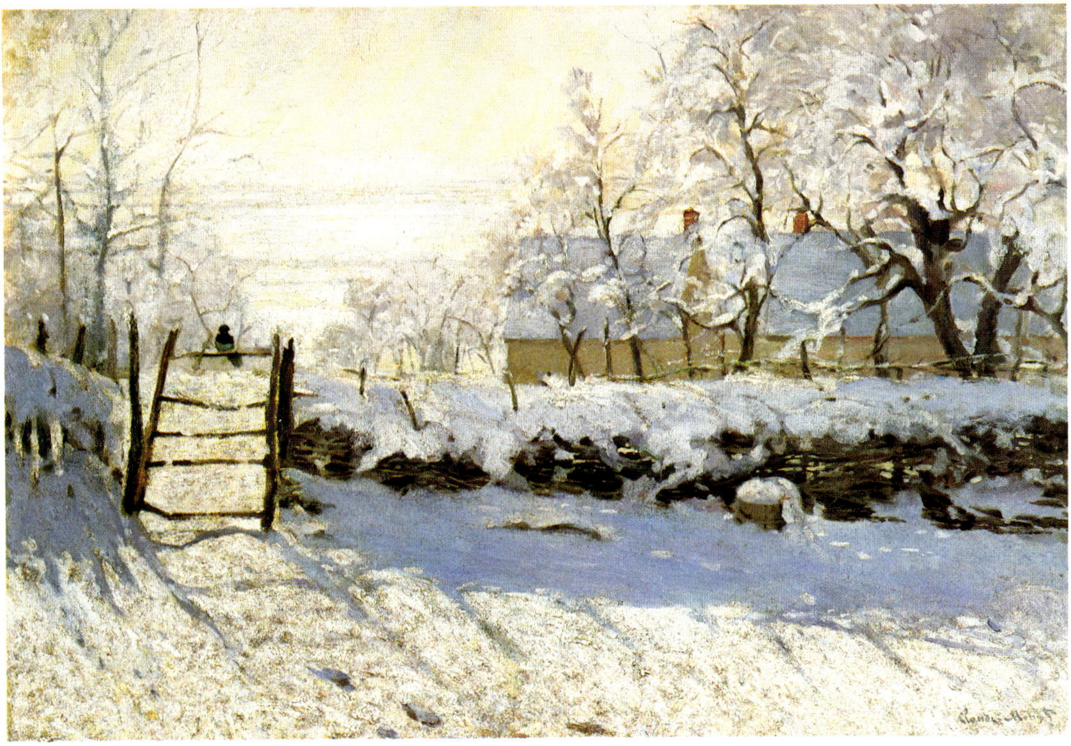

La Pie, 1869.

La Plage à Trouville, 1870.

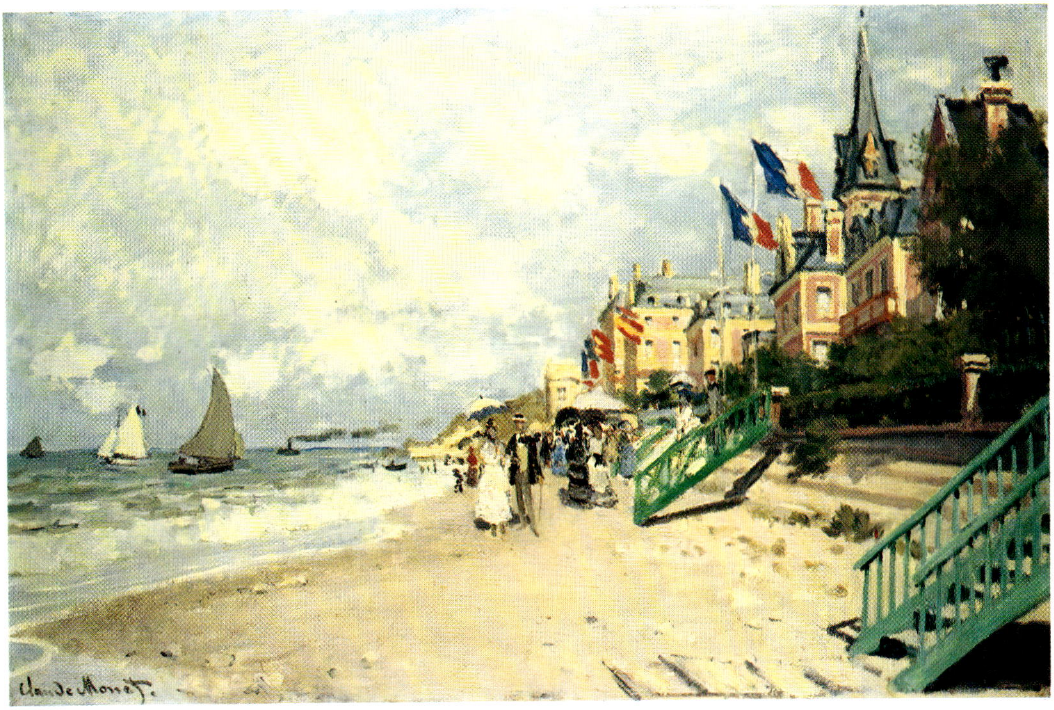

LA PLÉNITUDE

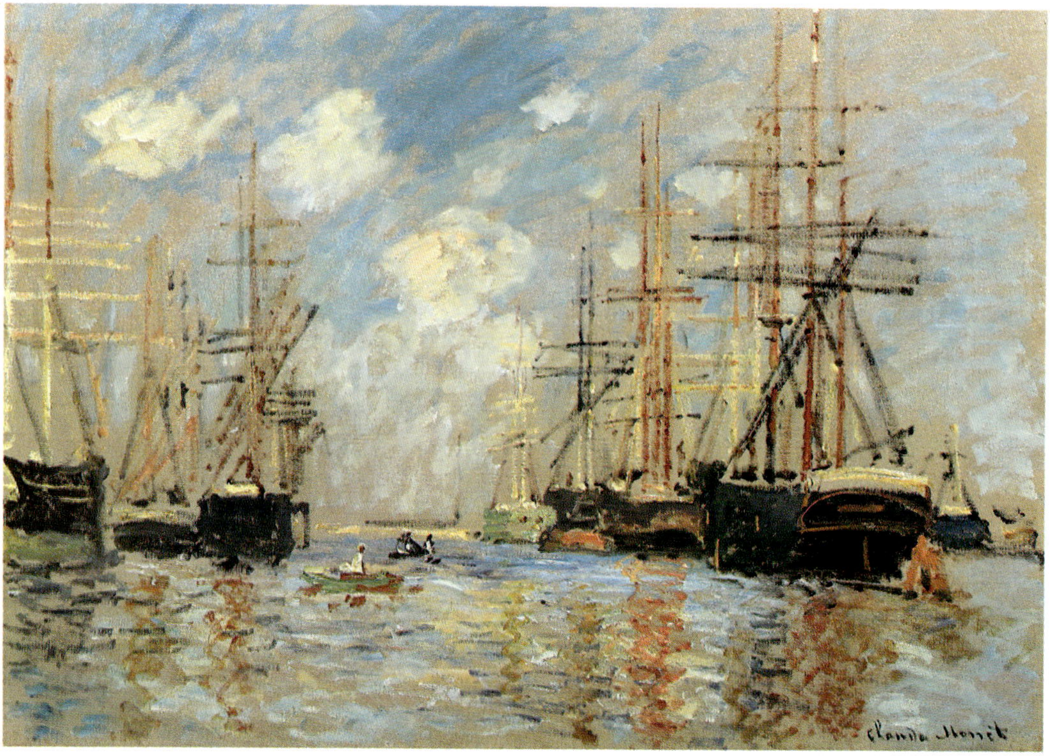

Le Port d'Amsterdam, 1874.

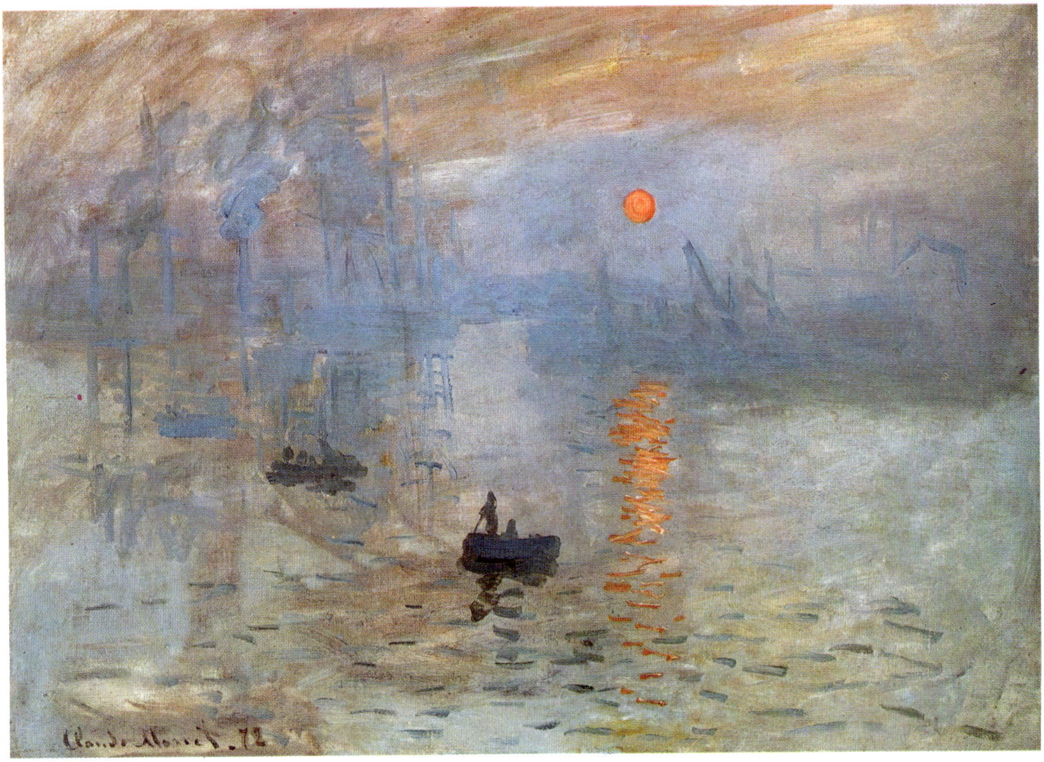

Impression, Soleil levant, 1873.

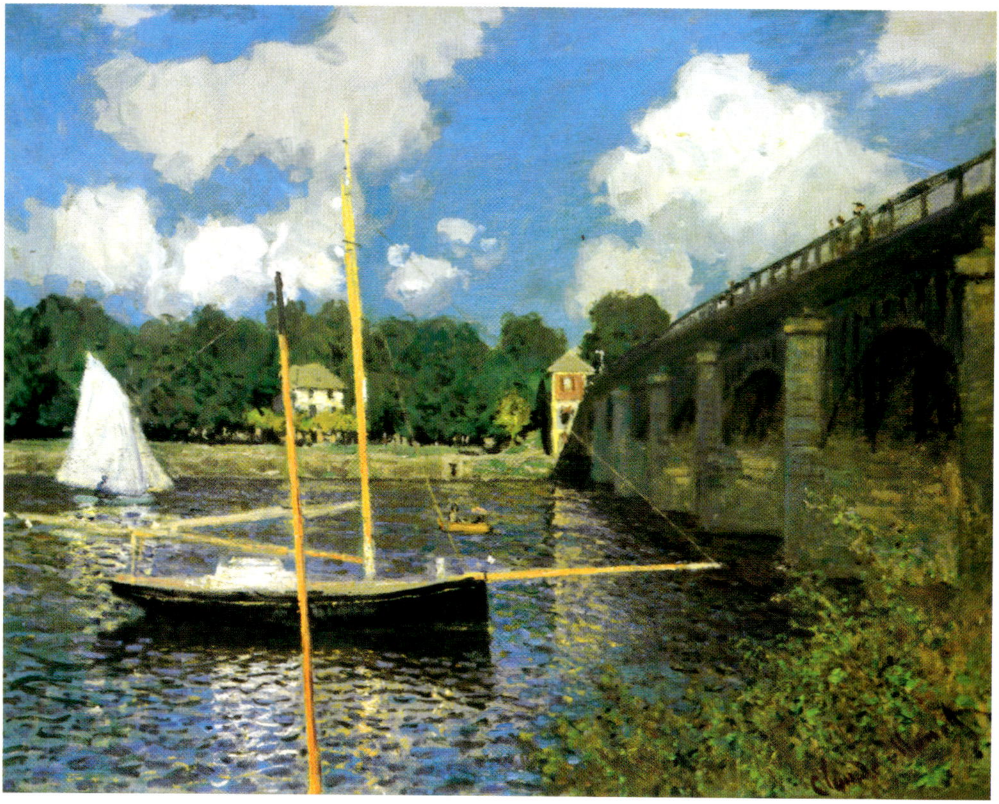

Le Pont routier, Argenteuil, 1874.

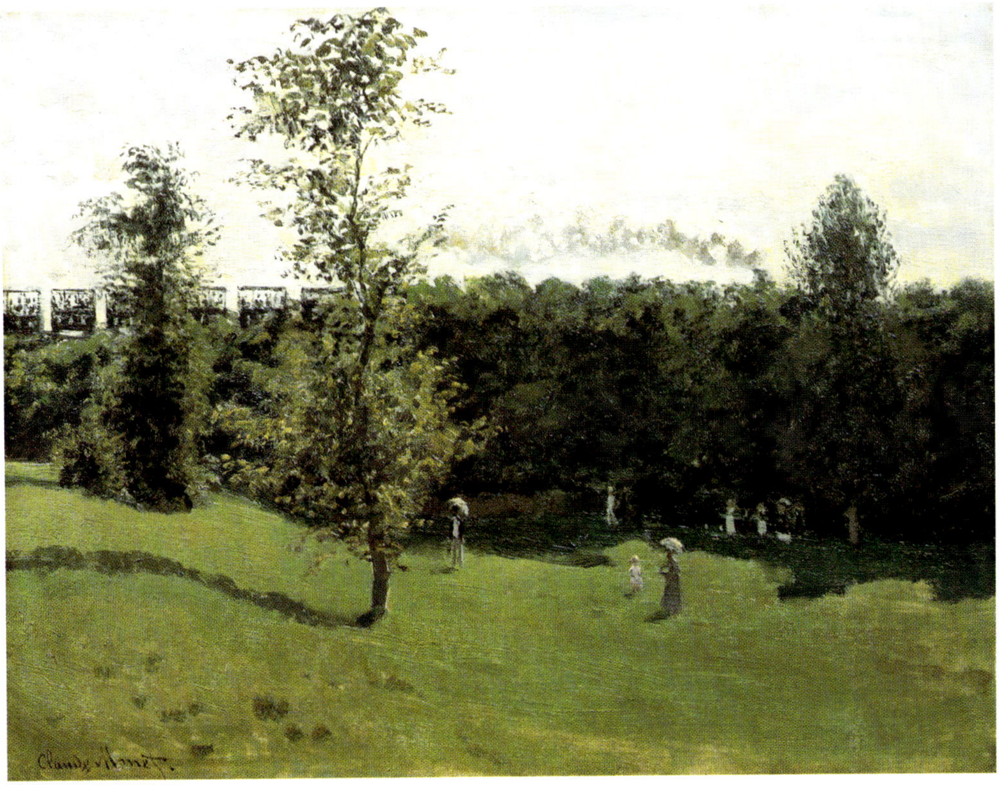

Train dans la campagne, vers 1872.

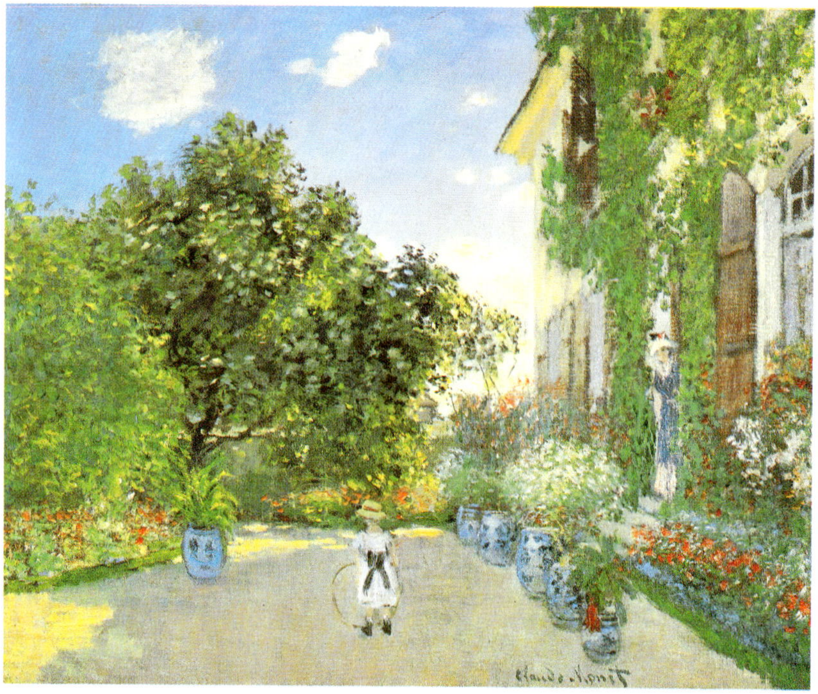

La Maison de l'artiste à Argenteuil, 1873.

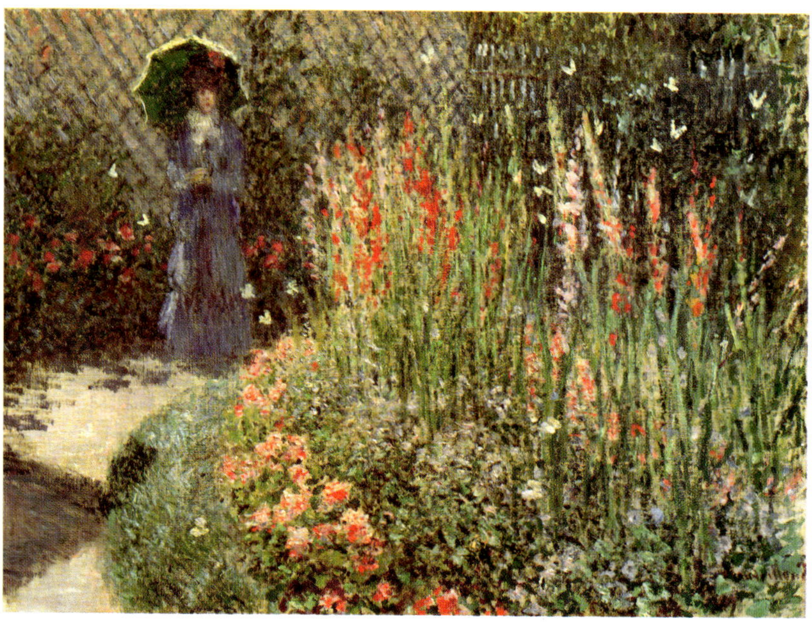

Les Glaïeuls, 1876.

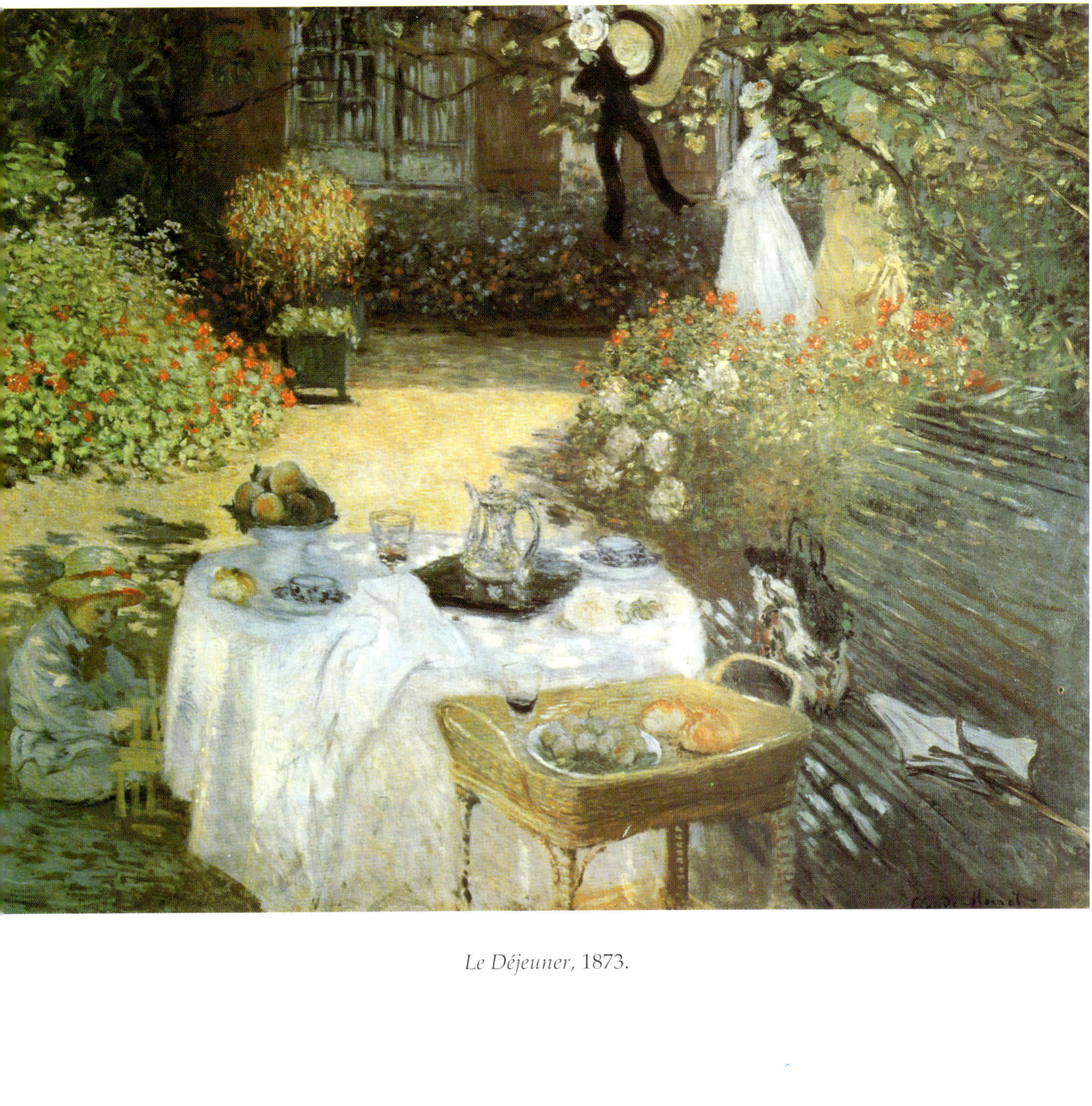

Le Déjeuner, 1873.

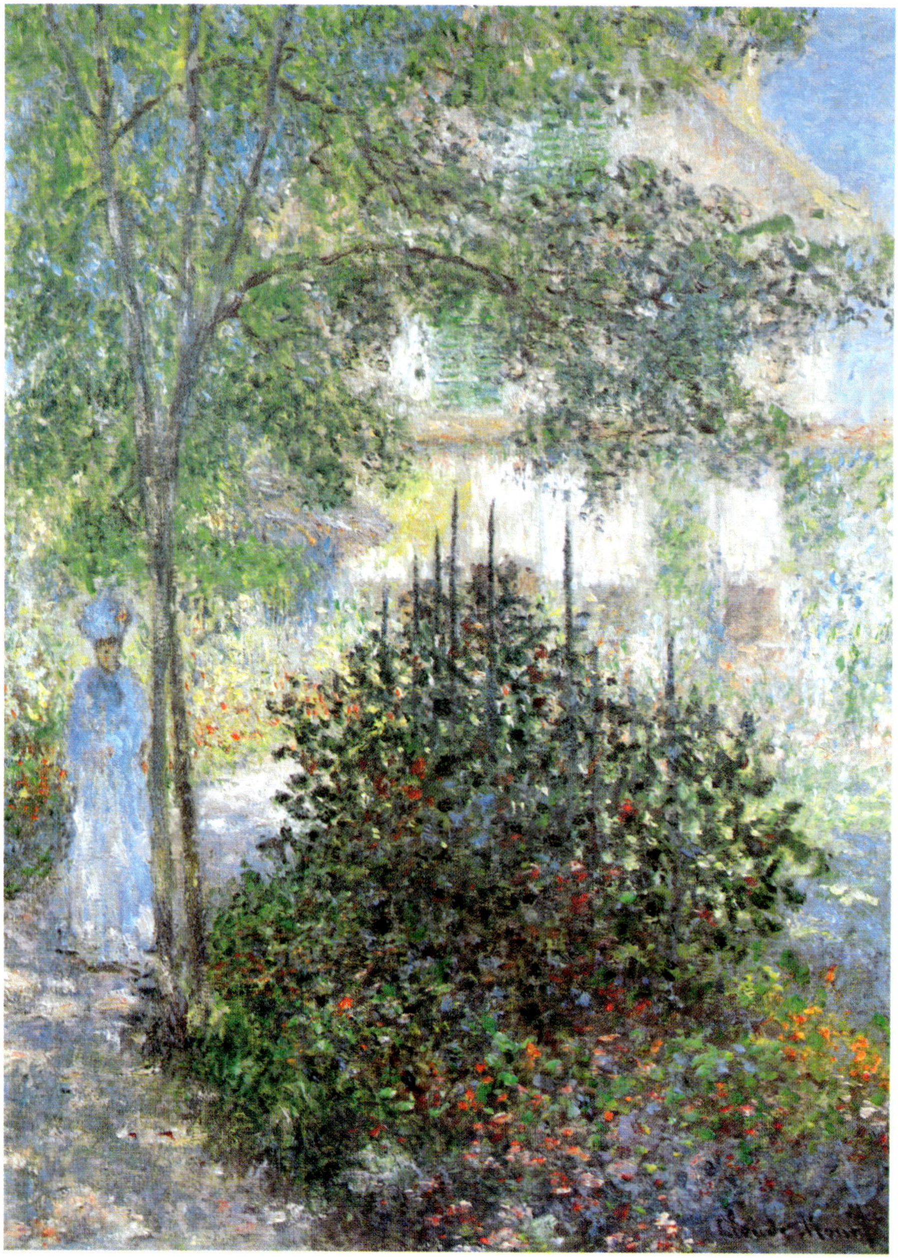

Camille dans le jardin de la maison d'Argenteuil, 1879.

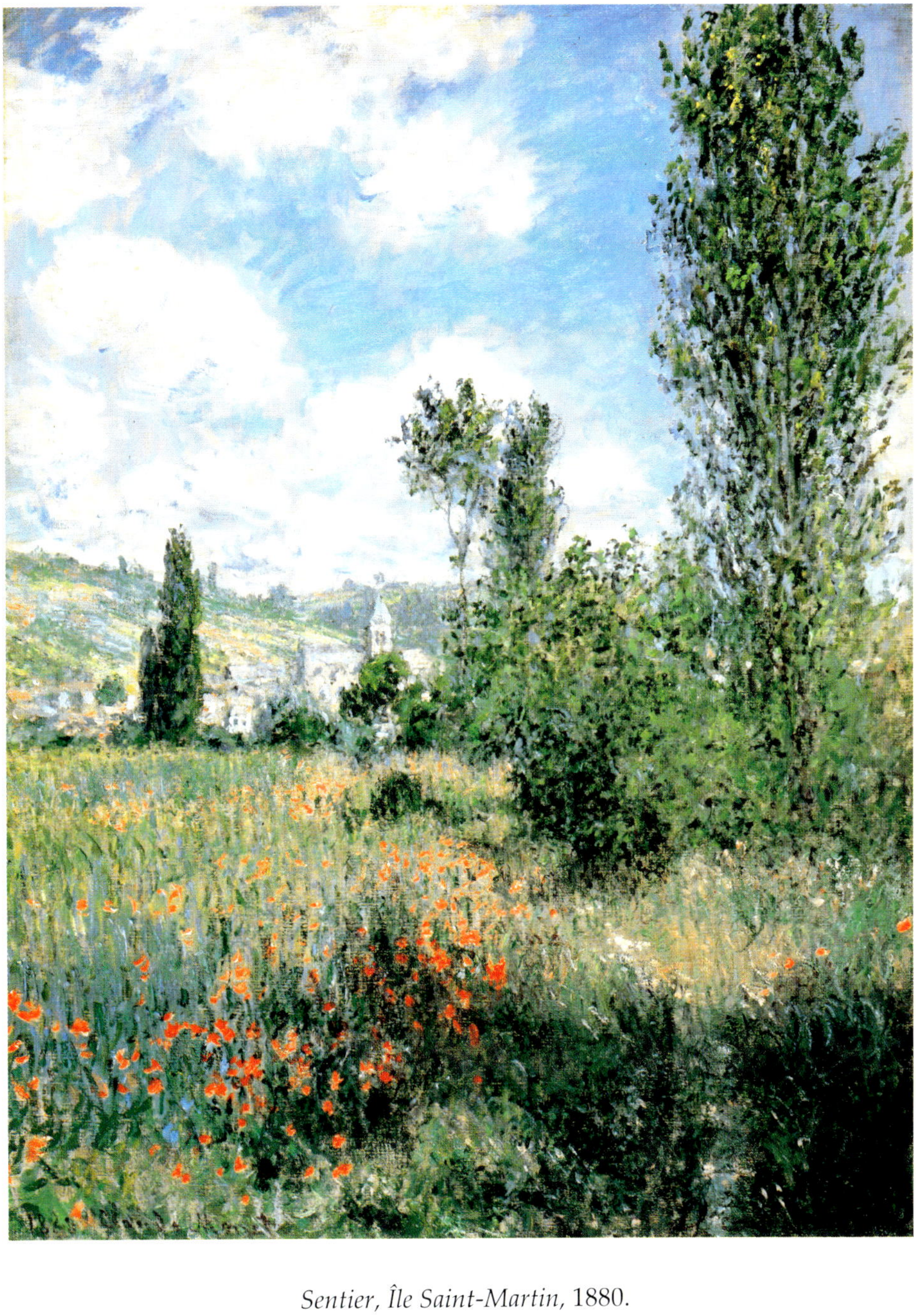

Sentier, Île Saint-Martin, 1880.

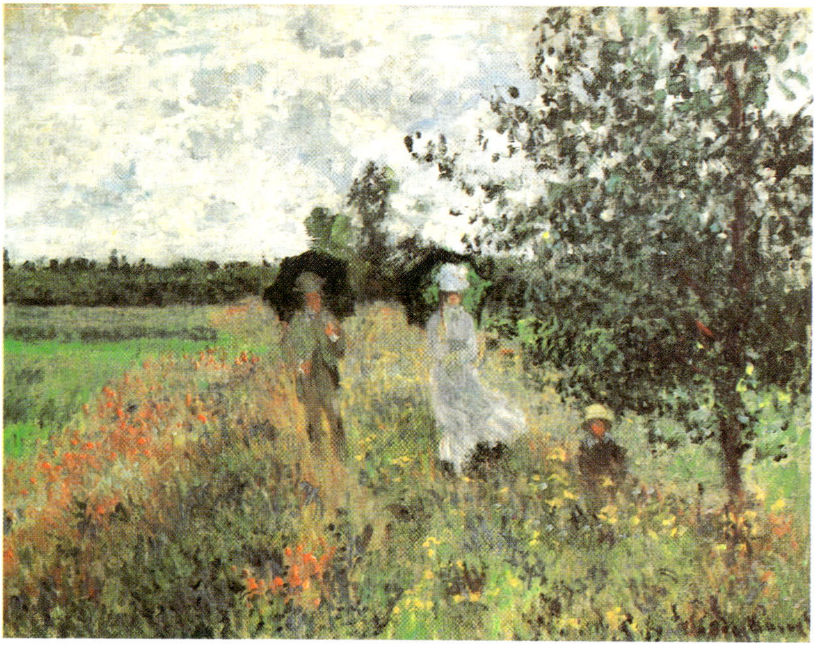

Promenade près d'Argenteuil, 1873.

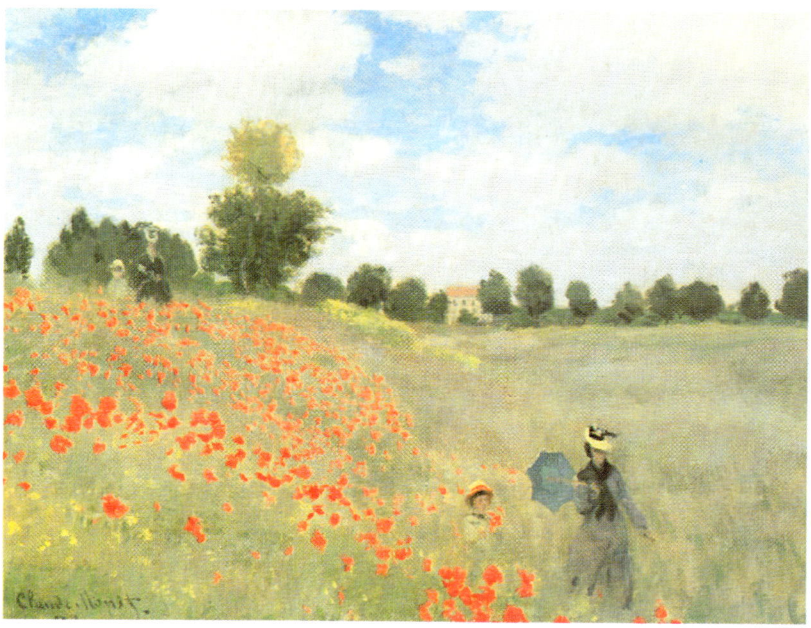

Les Coquelicots à Argenteuil, 1873.

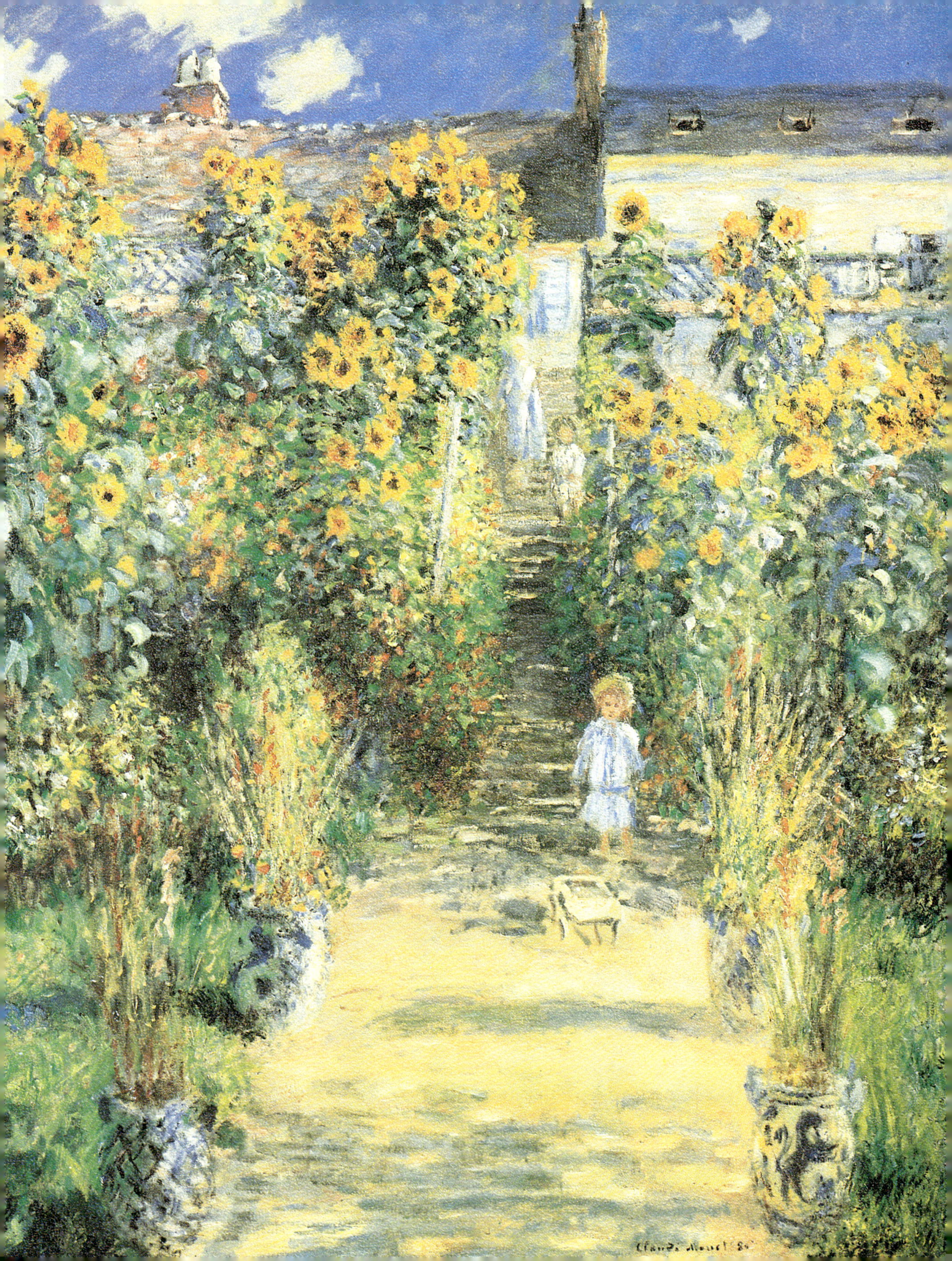

Vue de Bordighera, 1884.

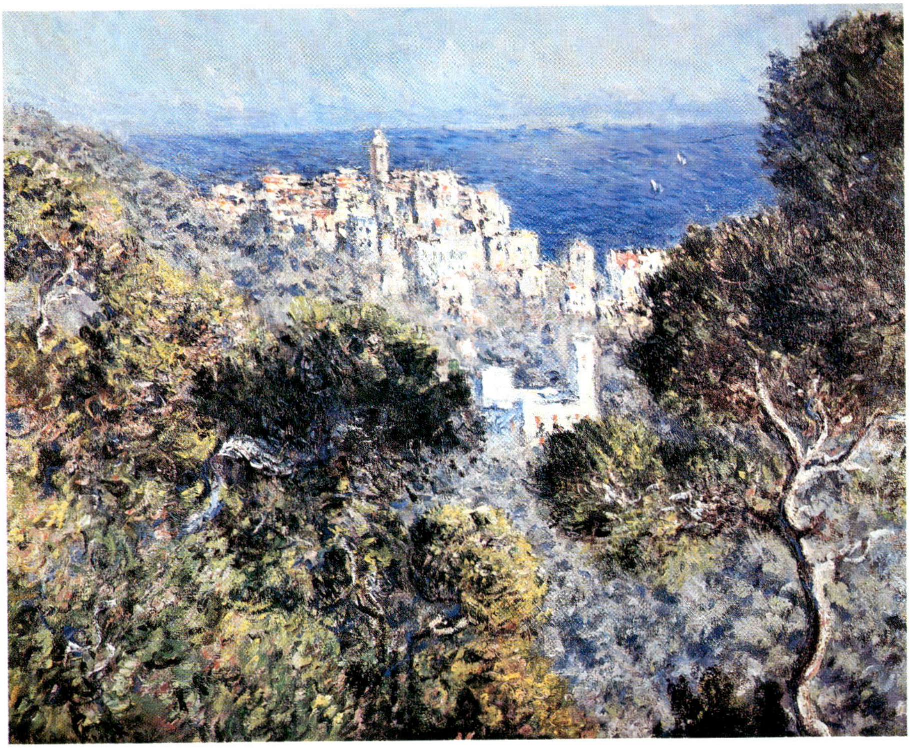

LES VOYAGES

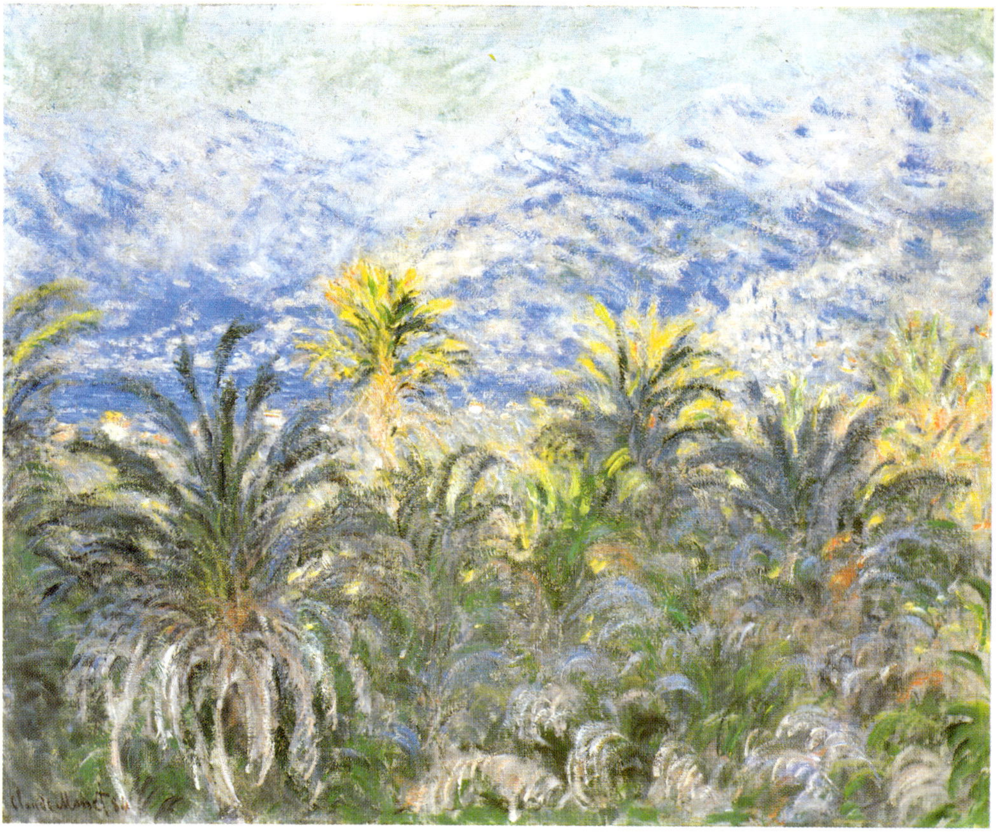

Palmiers à Bordighera, 1884.

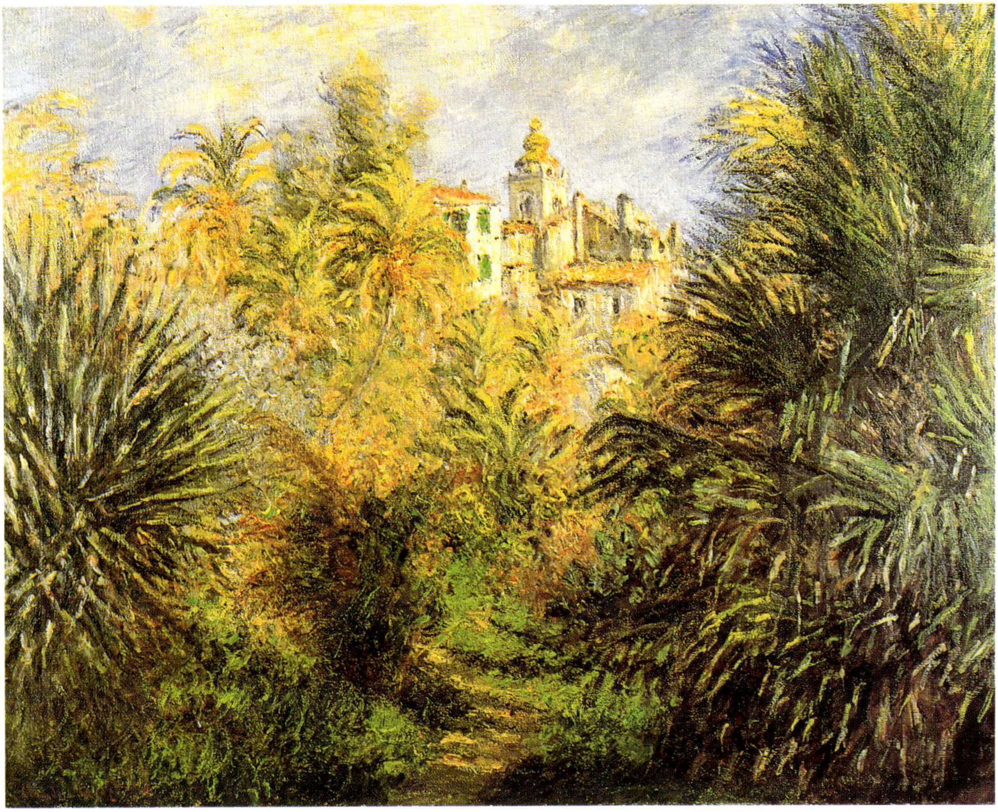

Jardin Moreno à Bordighera, 1884.

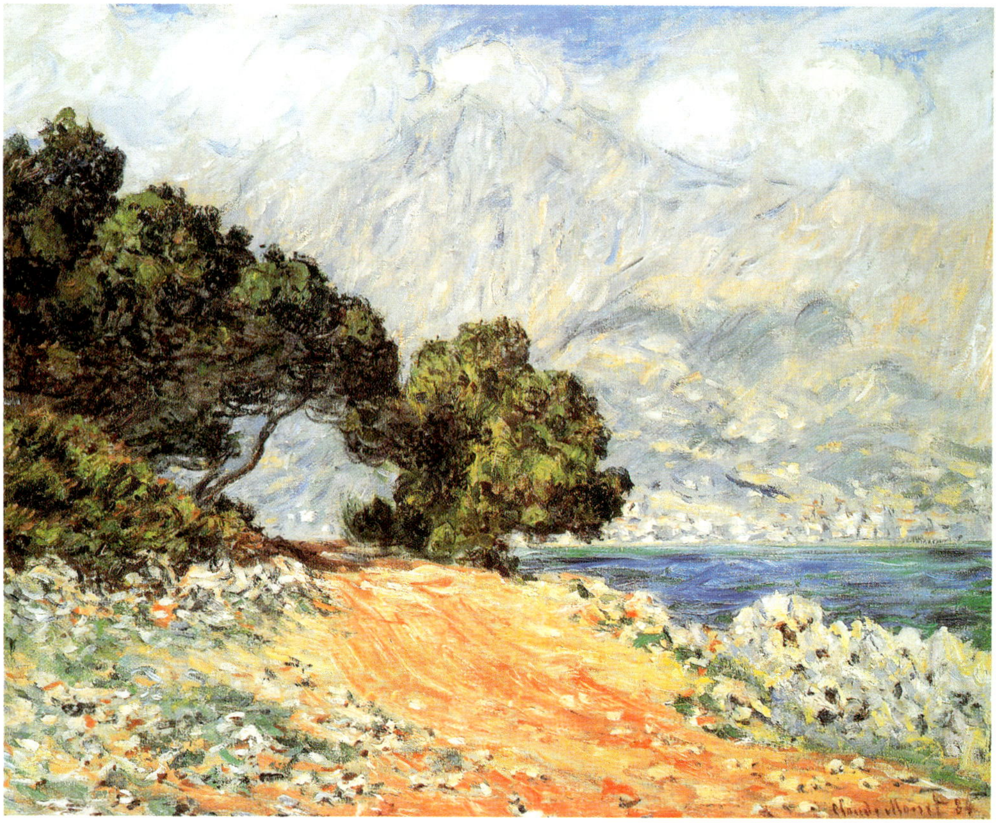

Cap Martin, près de Menton, 1884.

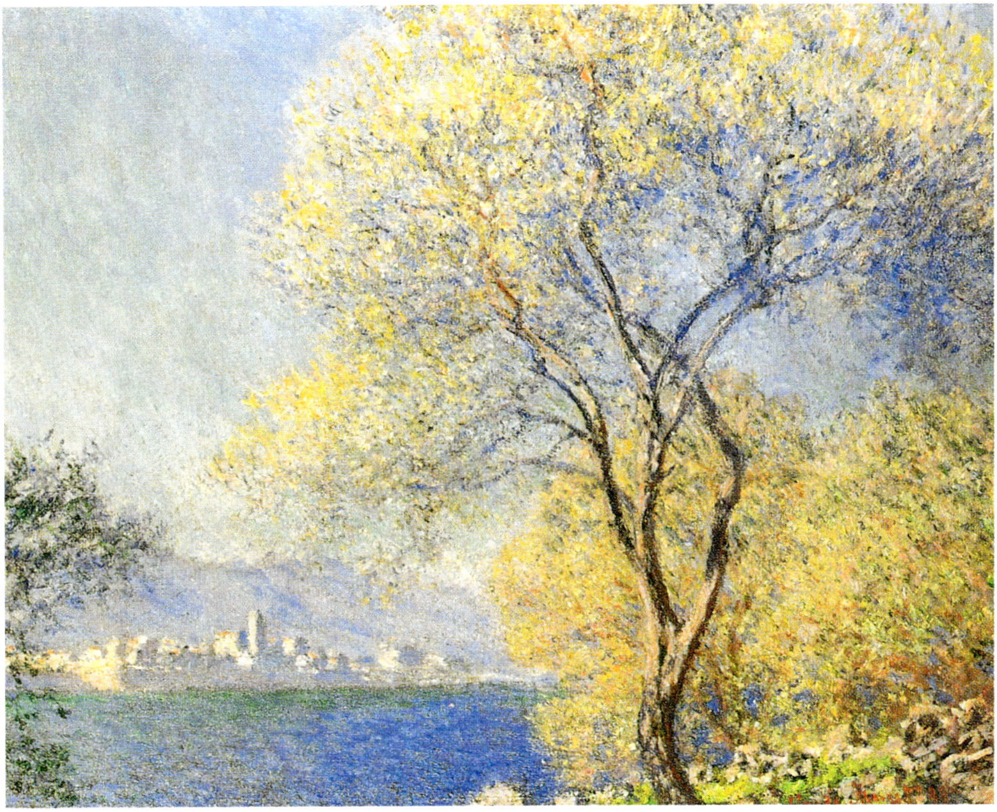

Antibes, vue de la Salis, 1888.

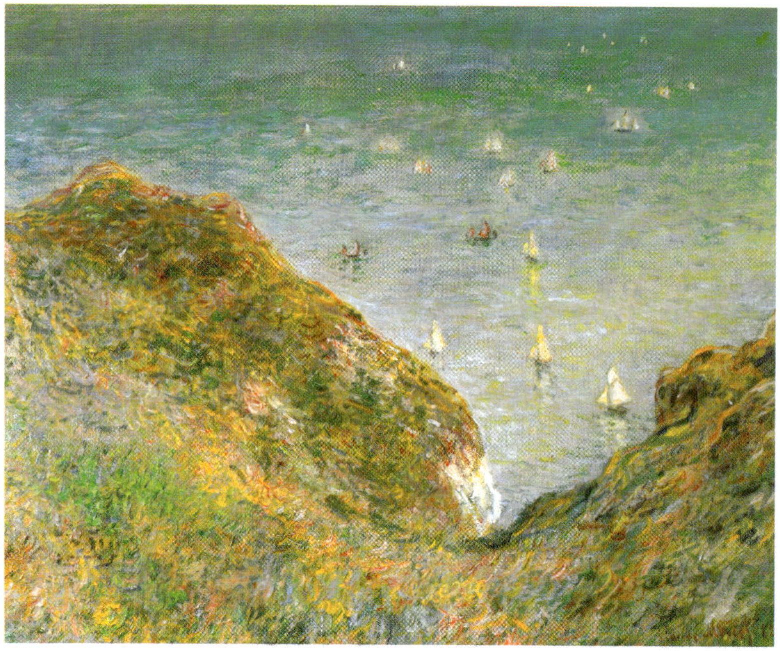

Sur la falaise de Pourville, temps clair, 1882.

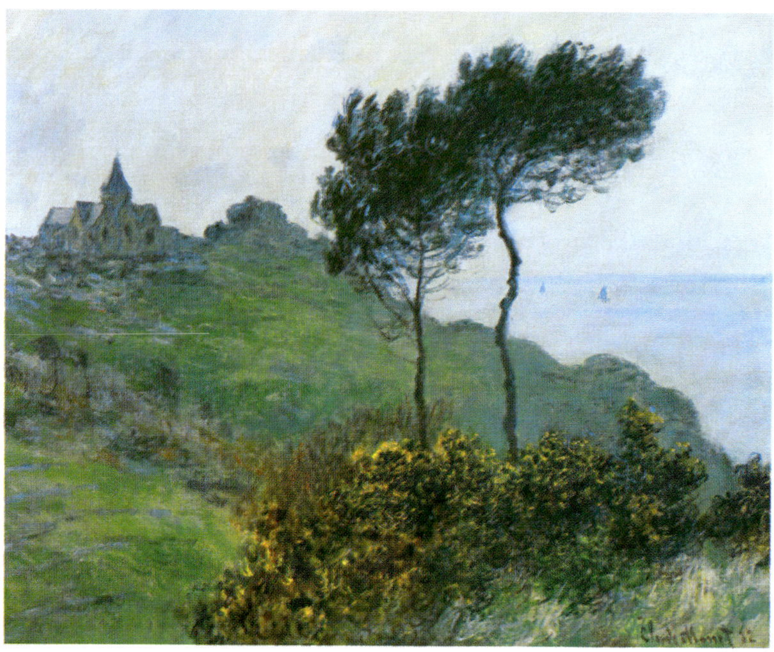

L'Église sur la falaise, Varengeville, 1882.

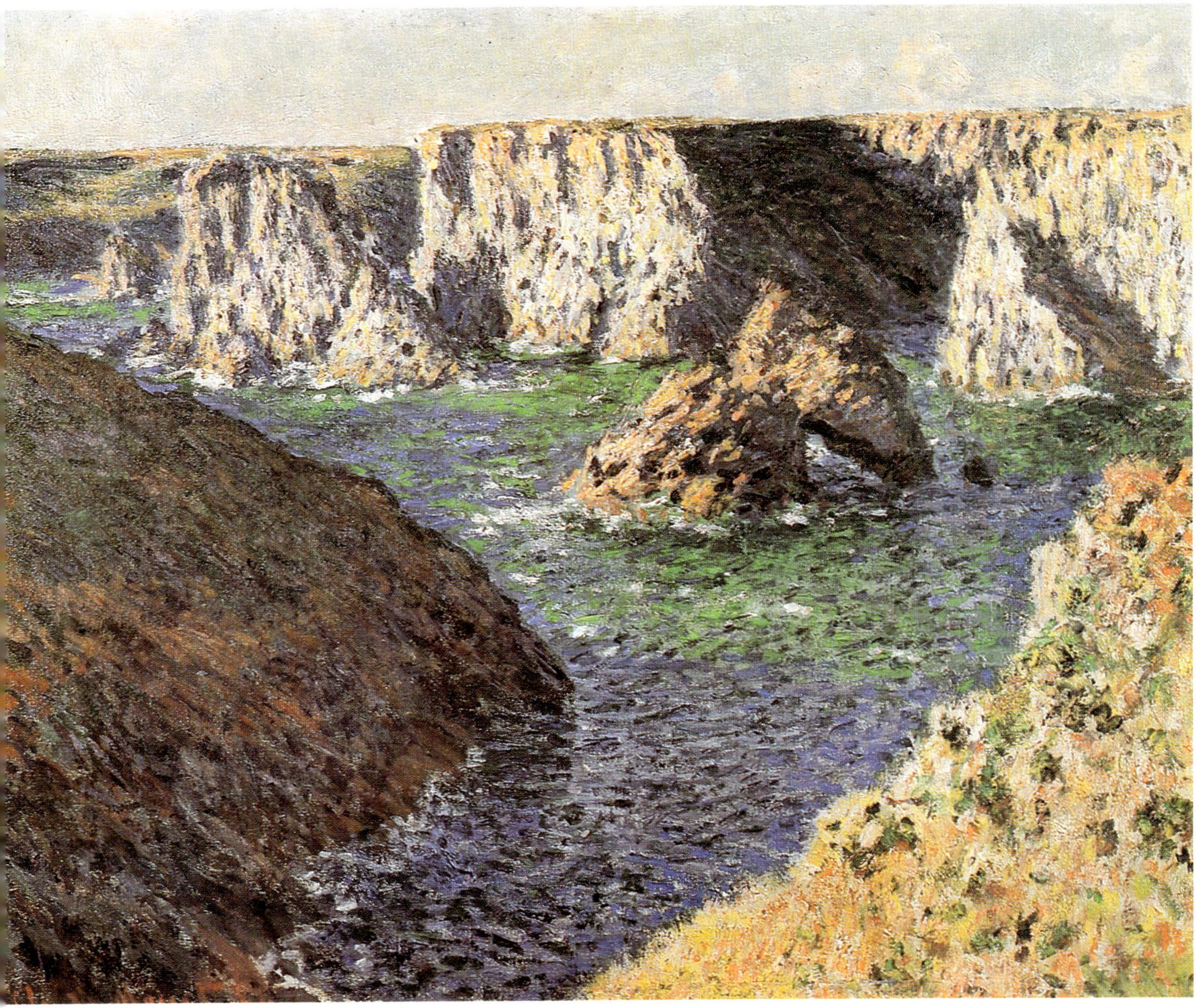

Les Rochers de Belle-Île, 1886.

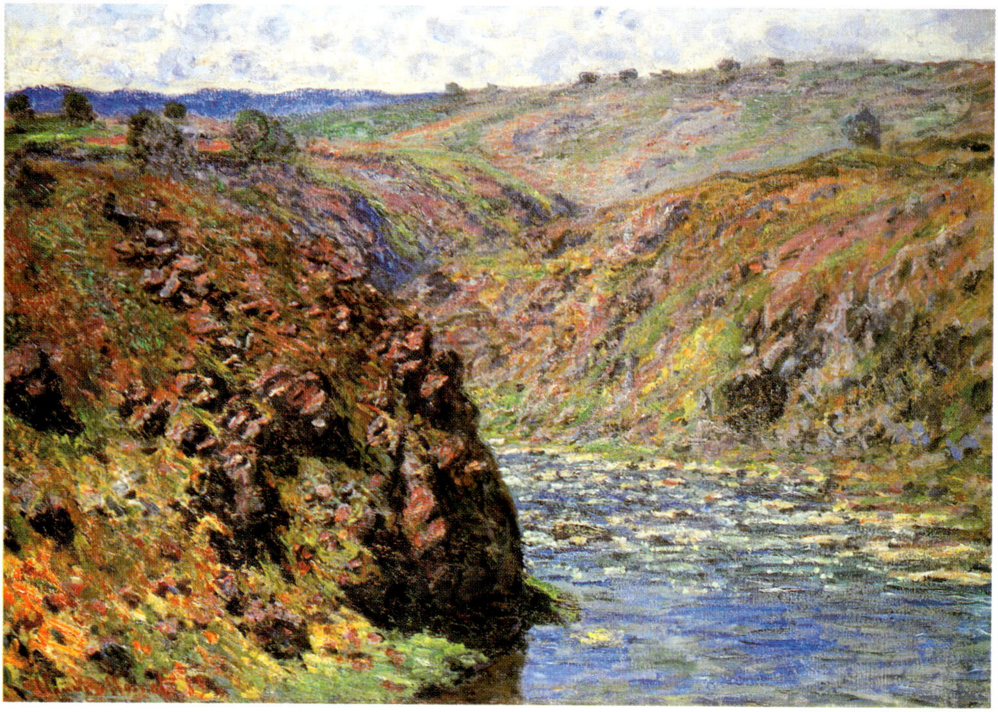

Les Eaux semblantes, Creuse, effet de soleil, 1889.

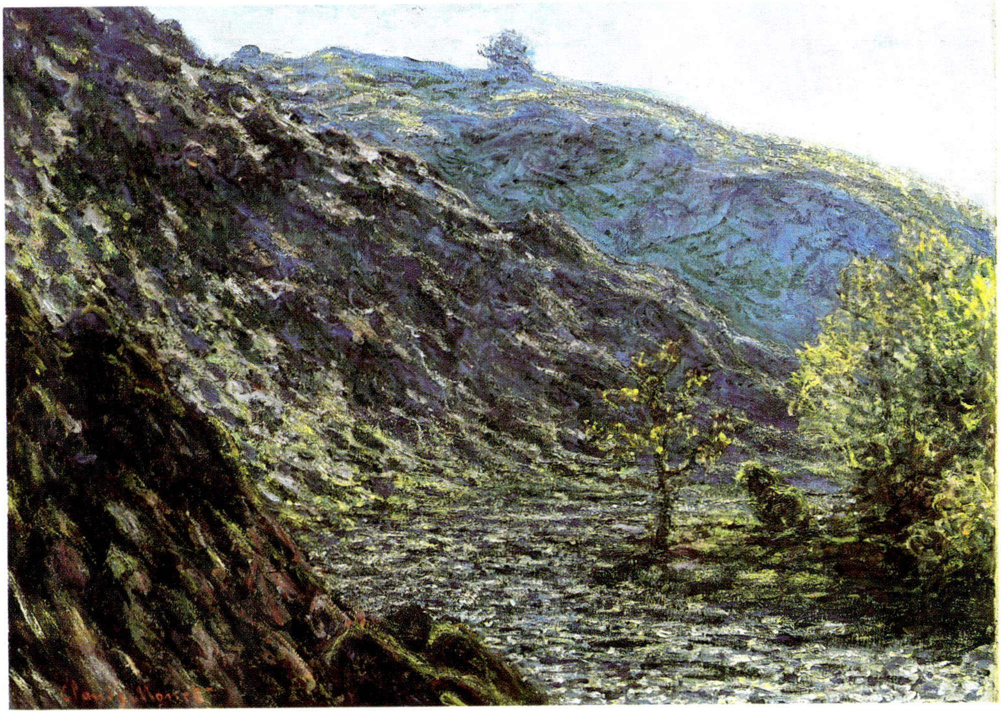

Le Vieil Arbre au confluent, 1889.

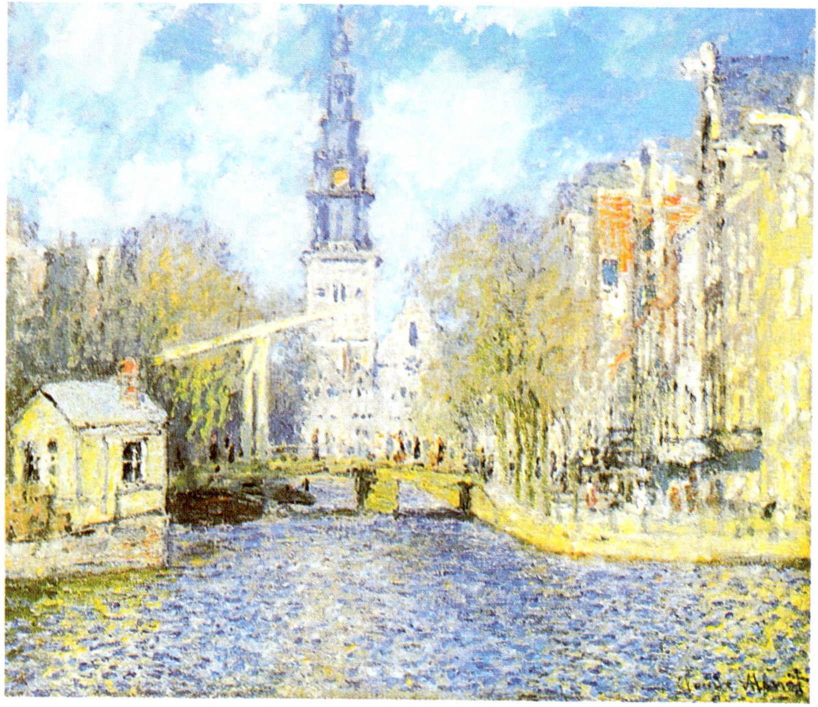

La Zuiderkerk à Amsterdam, 1873-1874.

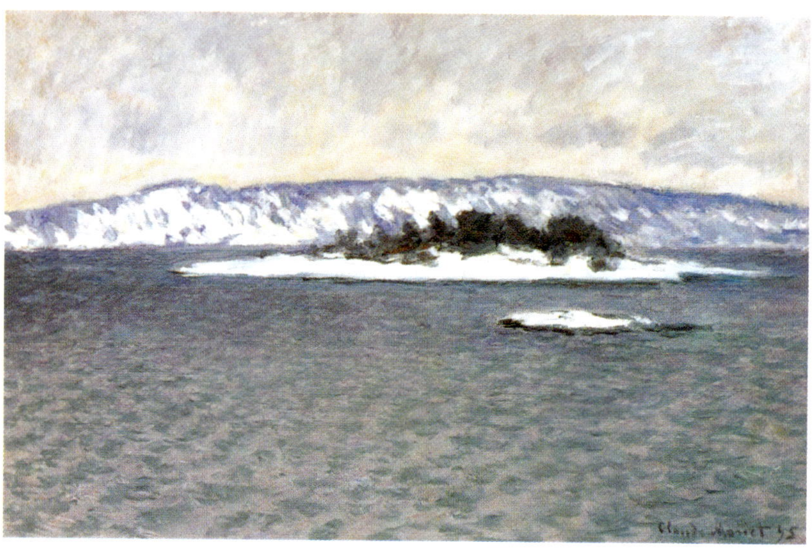

Le Fjord de Christiania, 1895.

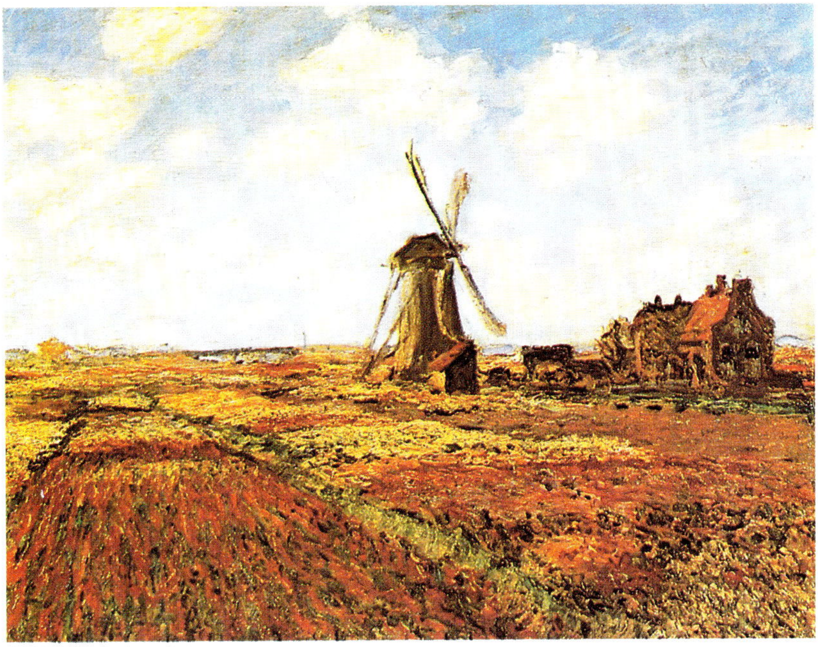

Champs de tulipes en Hollande, 1886.

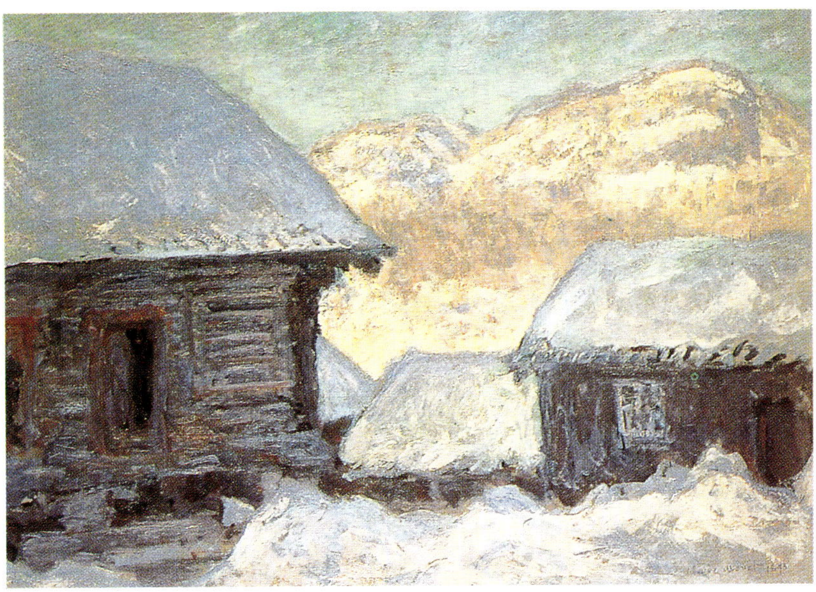

Maisons dans la neige et mont Kolsaas, 1895.

Une Meule près de Giverny, 1866.

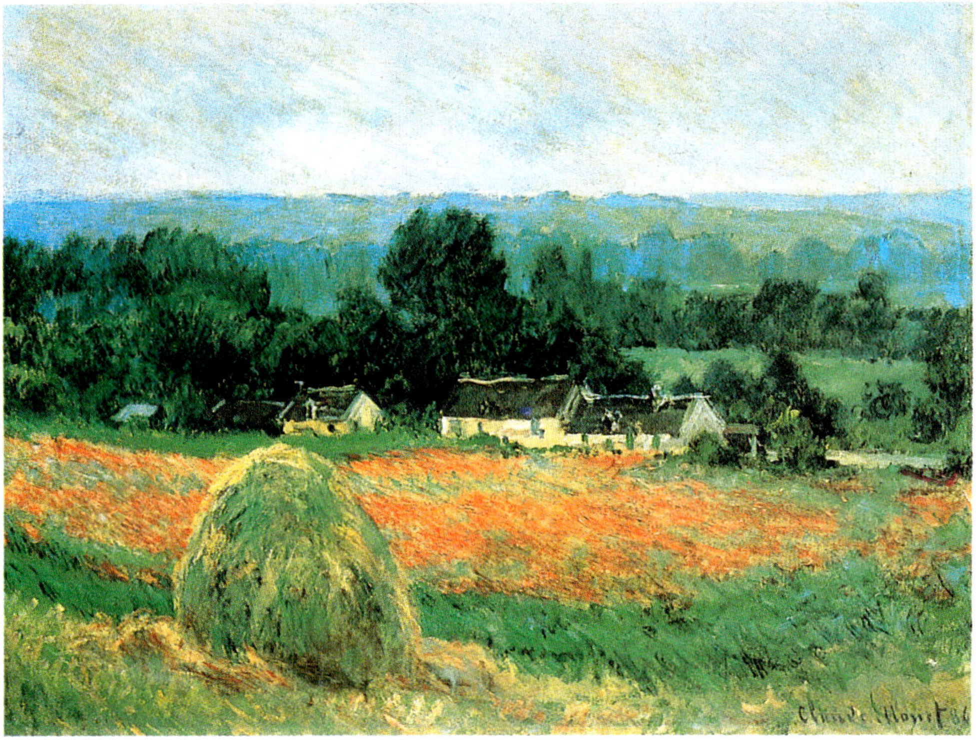

LES SÉRIES

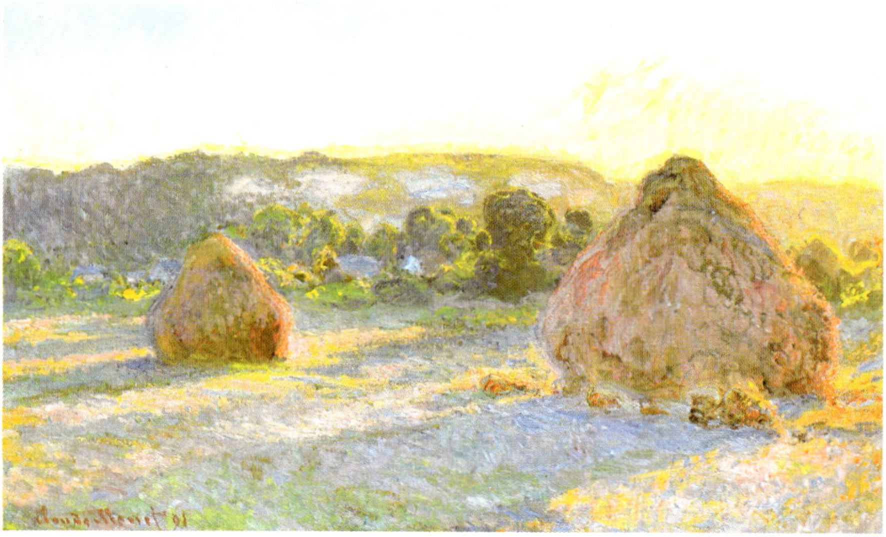

Meules, fin de l'été, effet du soir, 1890-1891.

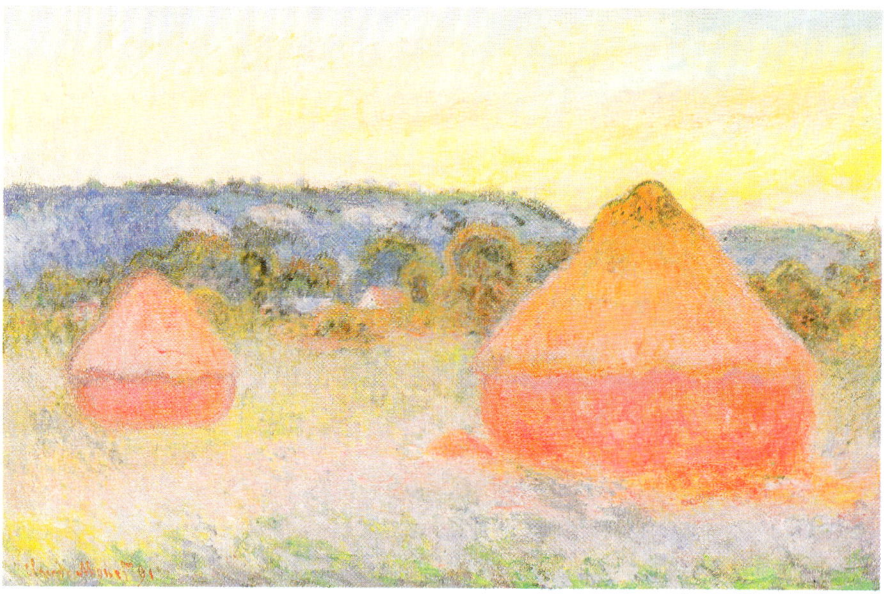

Deux Meules, déclin du jour, automne, 1891.

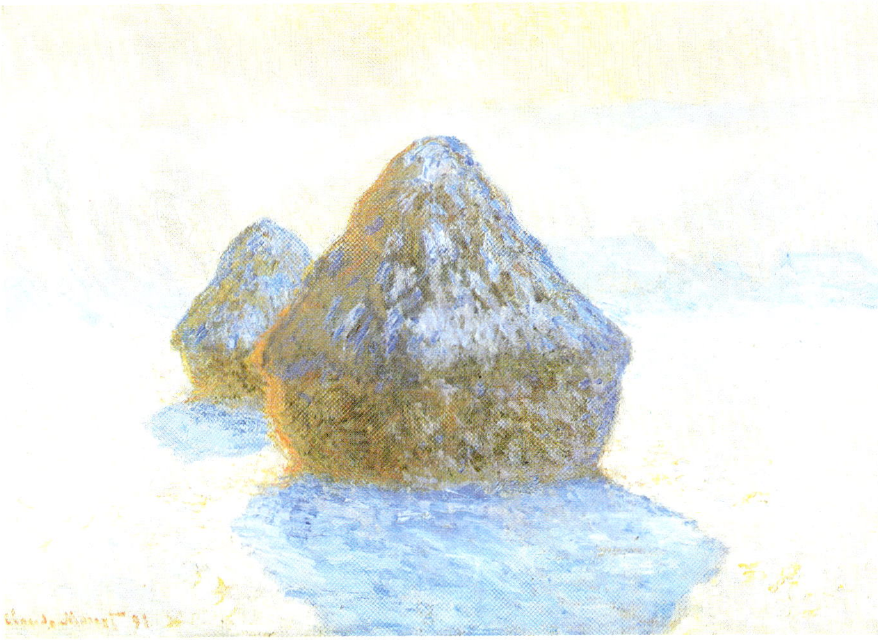

Meules, effet de gelée blanche, 1890-1891.

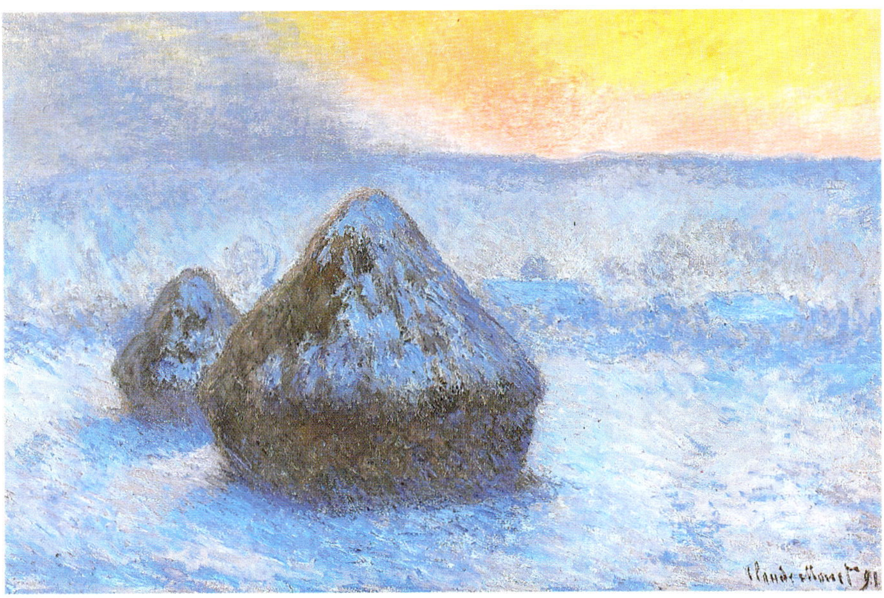

Meules, effet de neige, soleil couchant, 1890-1891.

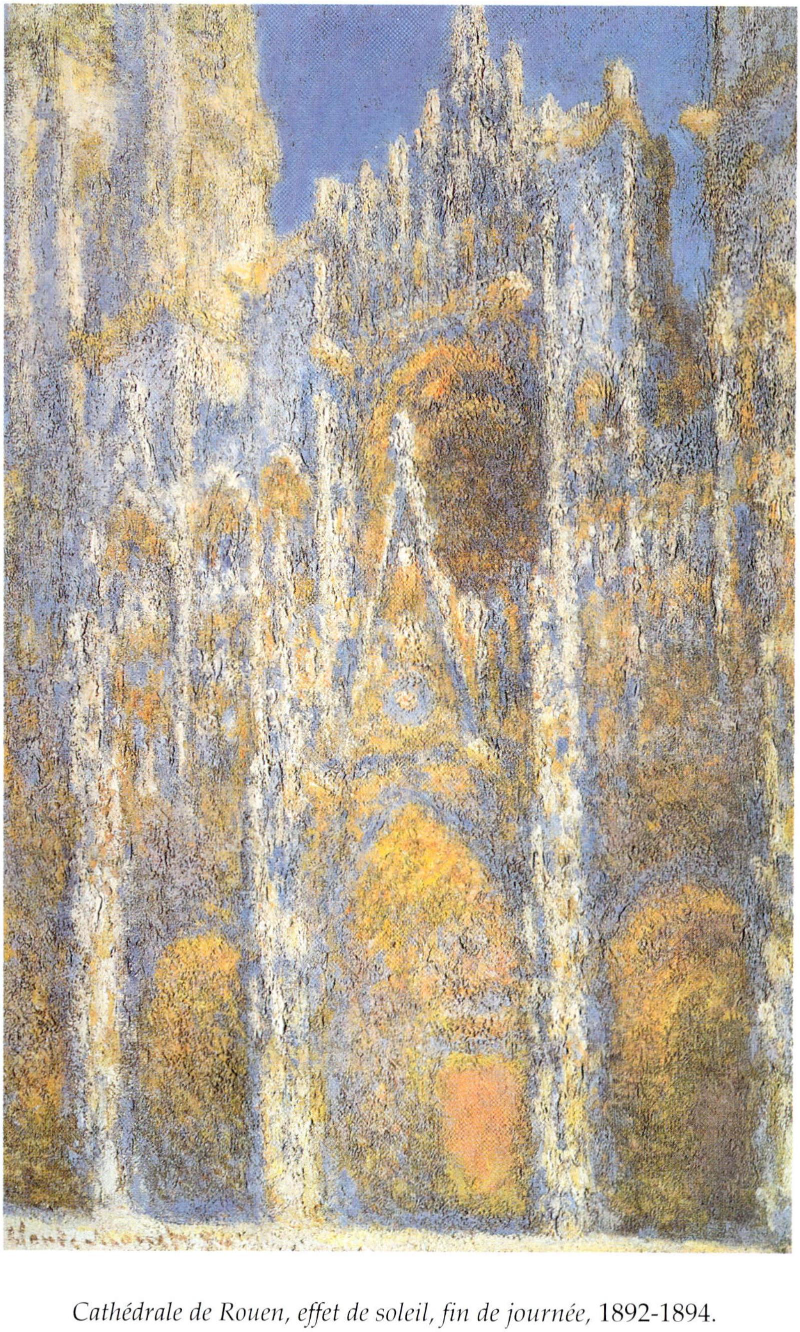

Cathédrale de Rouen, effet de soleil, fin de journée, 1892-1894.

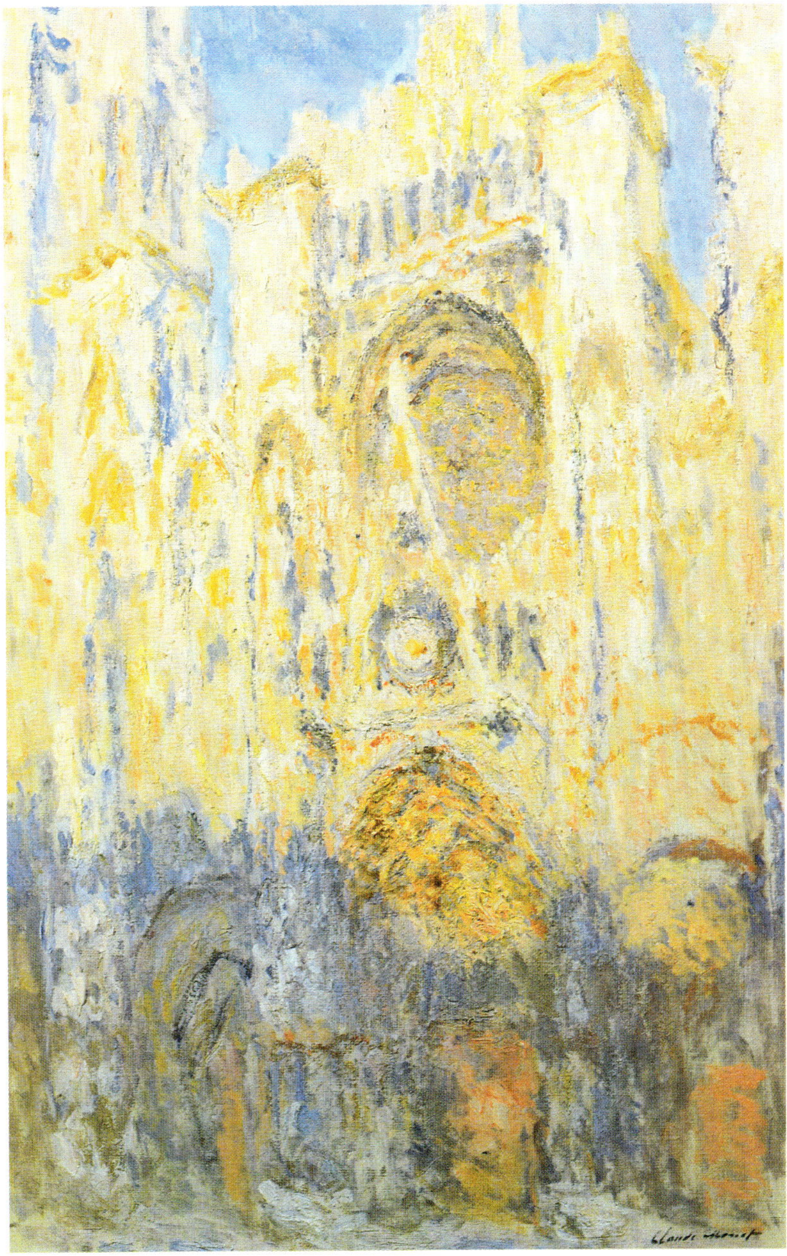

Cathédrale de Rouen, effet de soleil, 1892-1894.

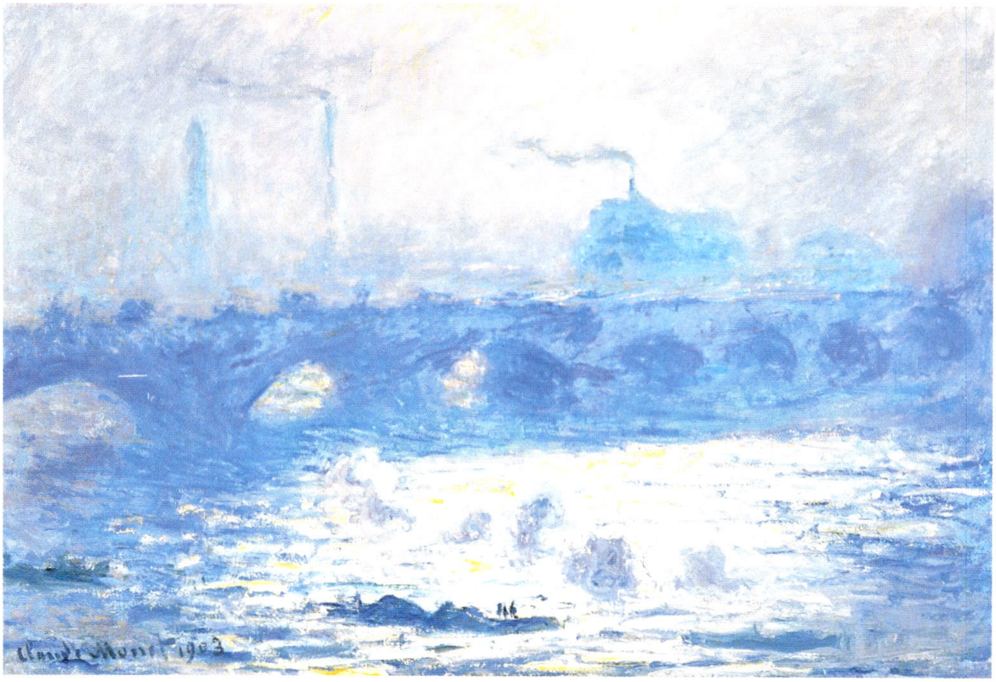

Waterloo Bridge par temps gris, 1903.

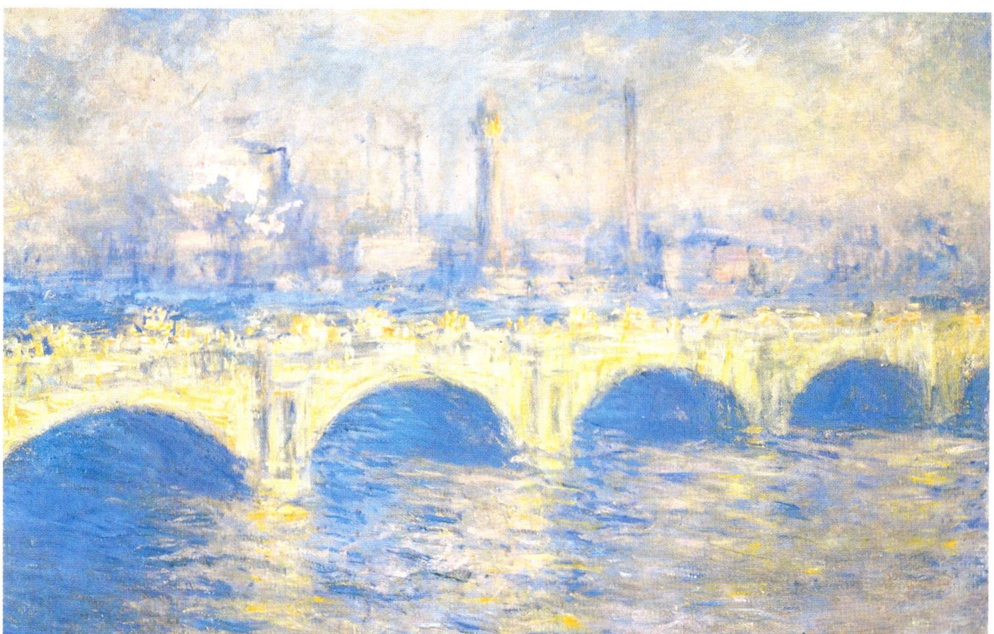

Londres, Waterloo Bridge, 1903.

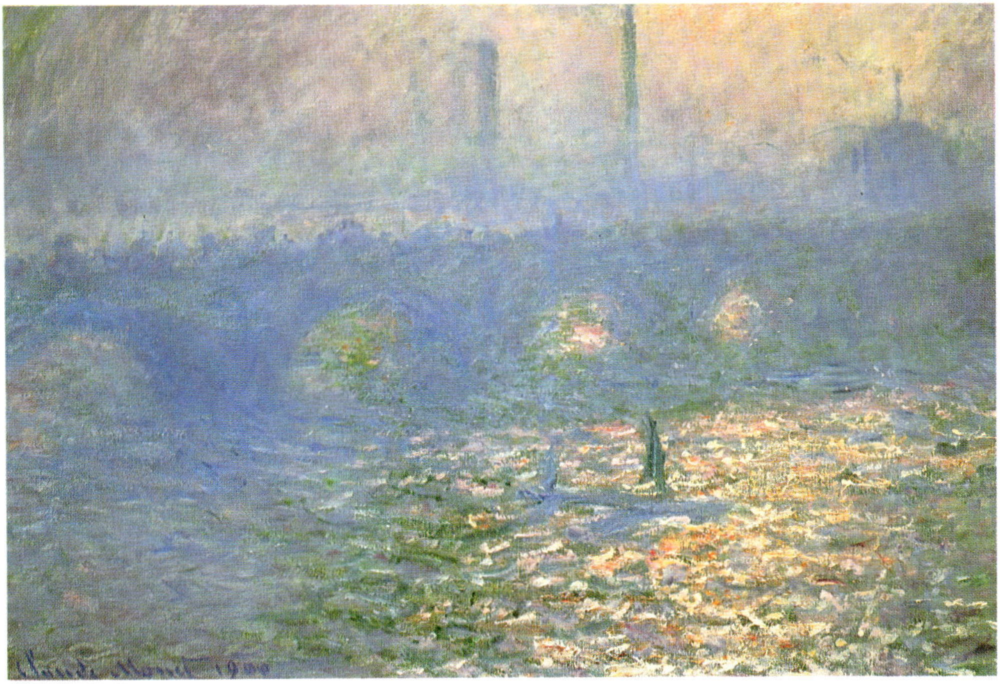

Londres, Waterloo Bridge, 1899-1900.

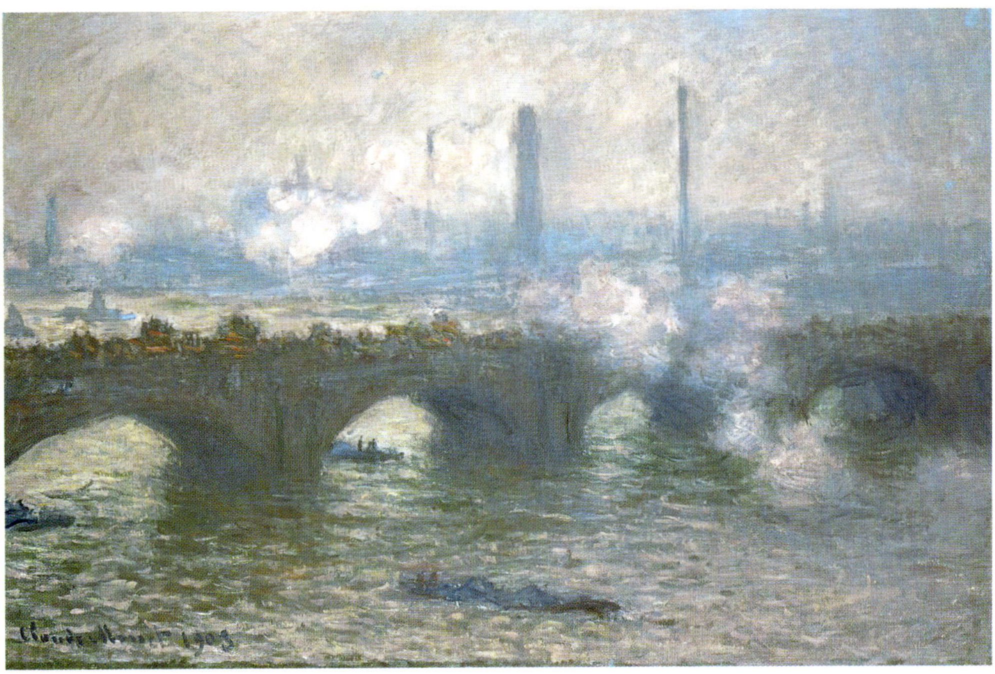

Waterloo Bridge, effet de soleil avec de la fumée, 1903.

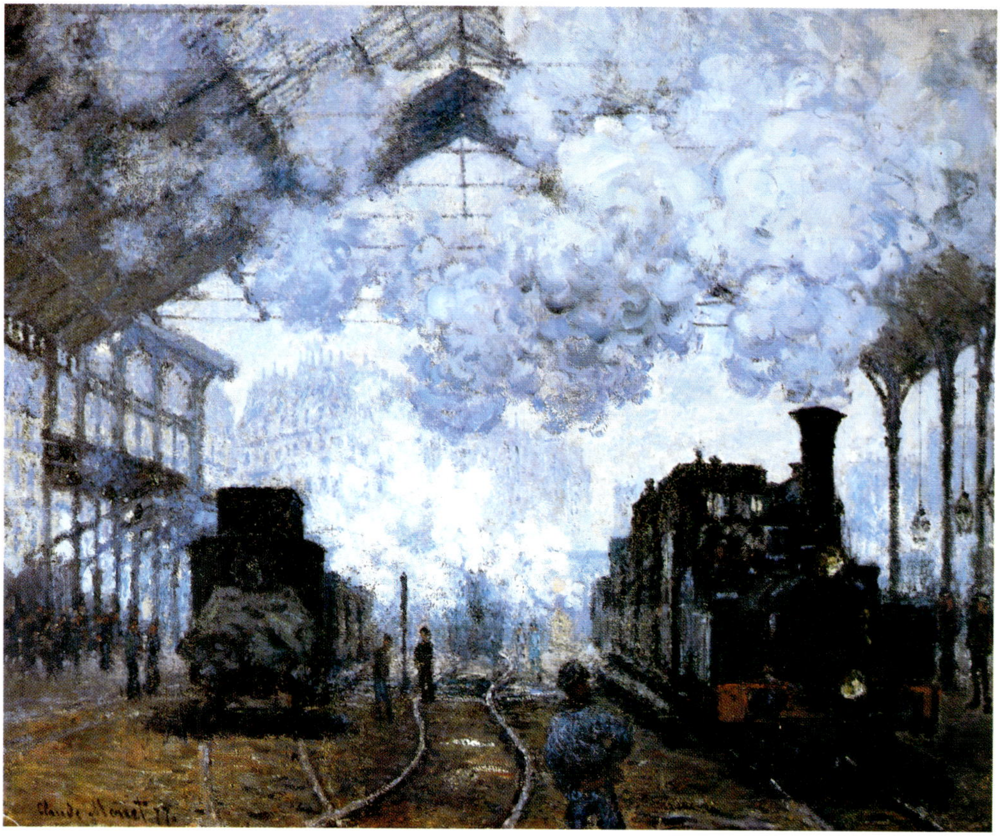

La Gare Saint-Lazare, arrivée d'un train, 1877.

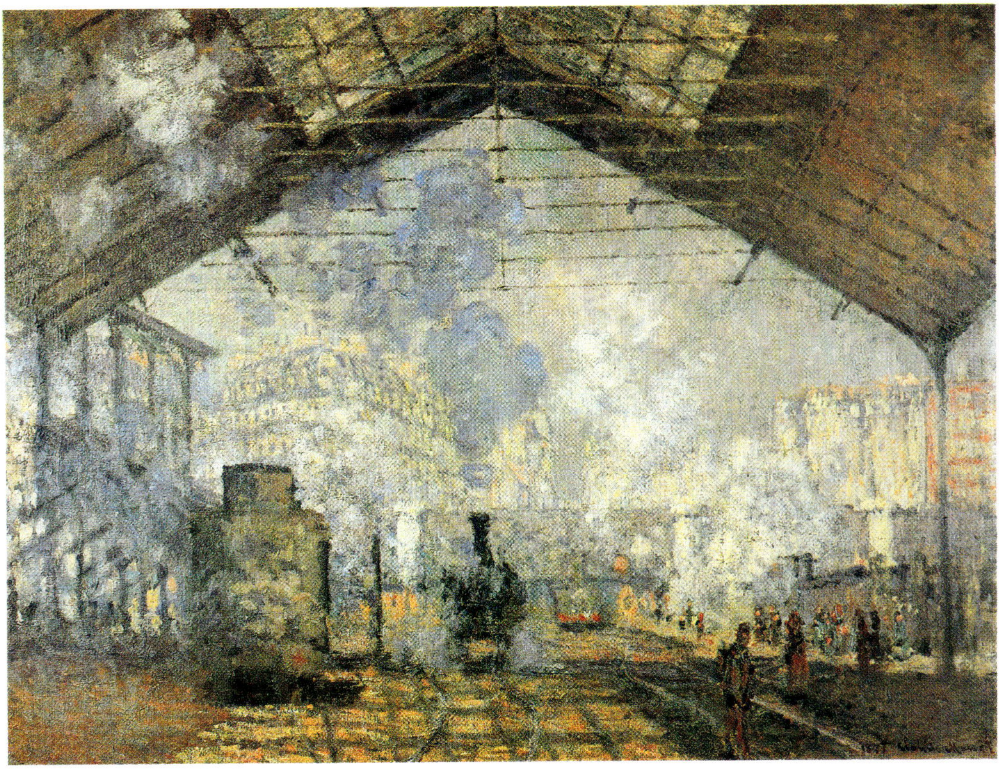

La Gare Saint-Lazare, 1877.

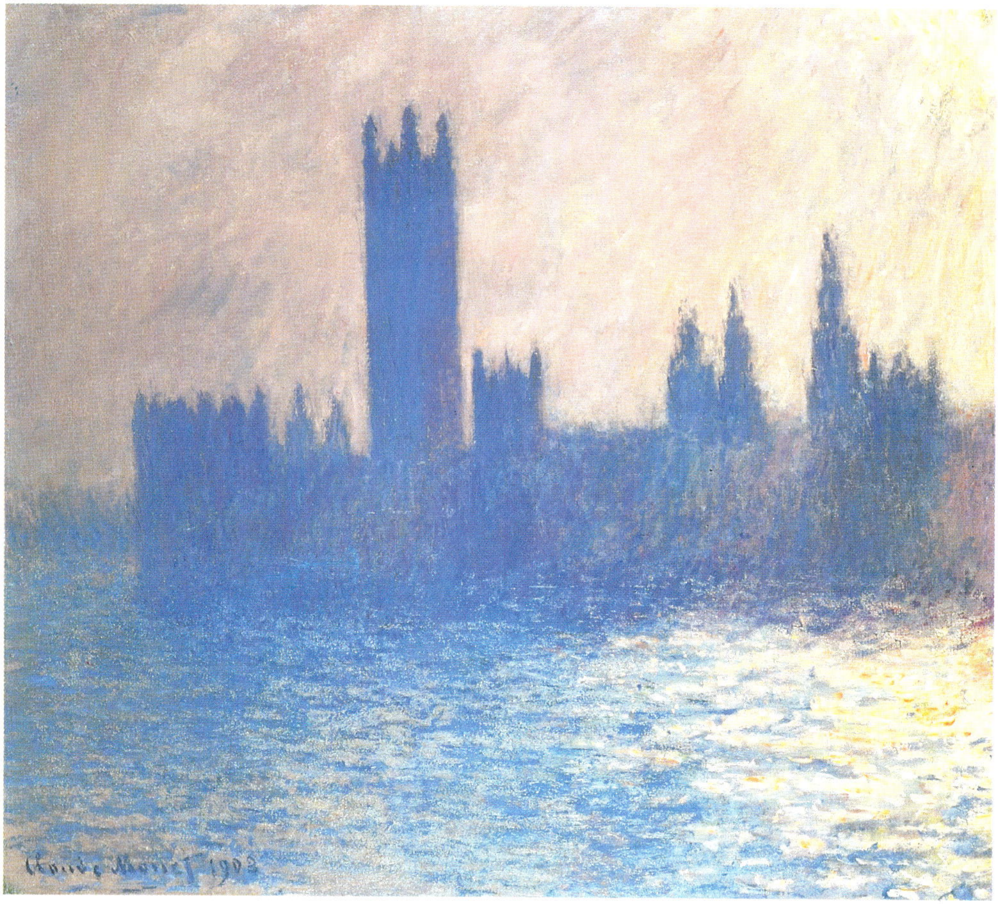

Londres, le Parlement, effet de soleil, 1903.

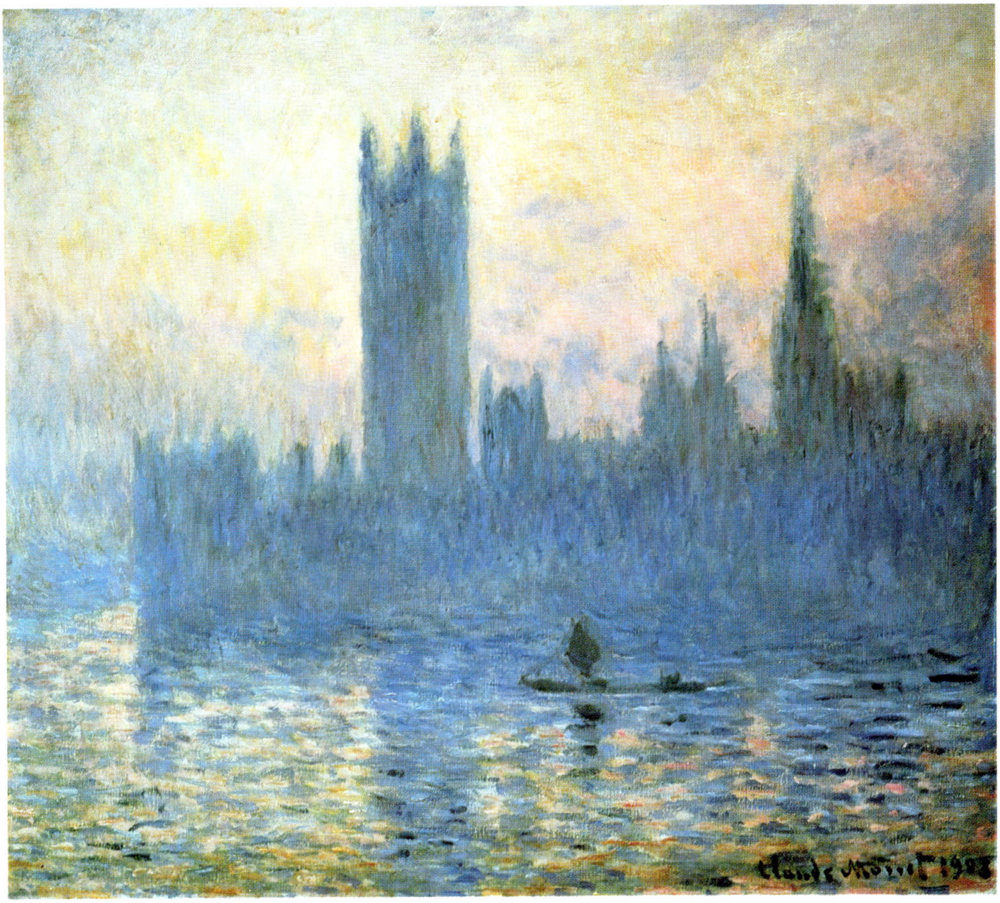

Londres, le Parlement, soleil couchant, 1903.

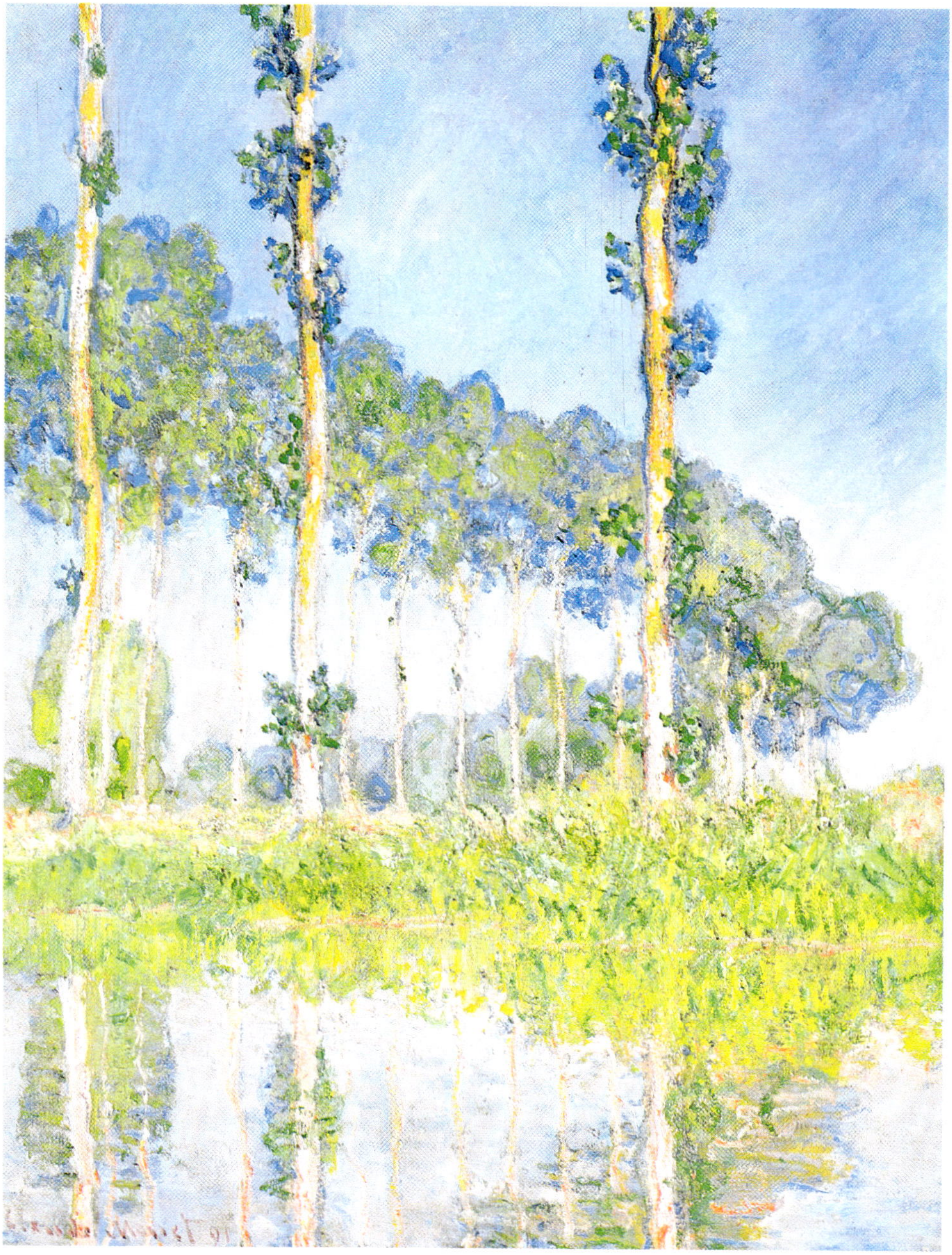

Les Trois Arbres, printemps, 1891.

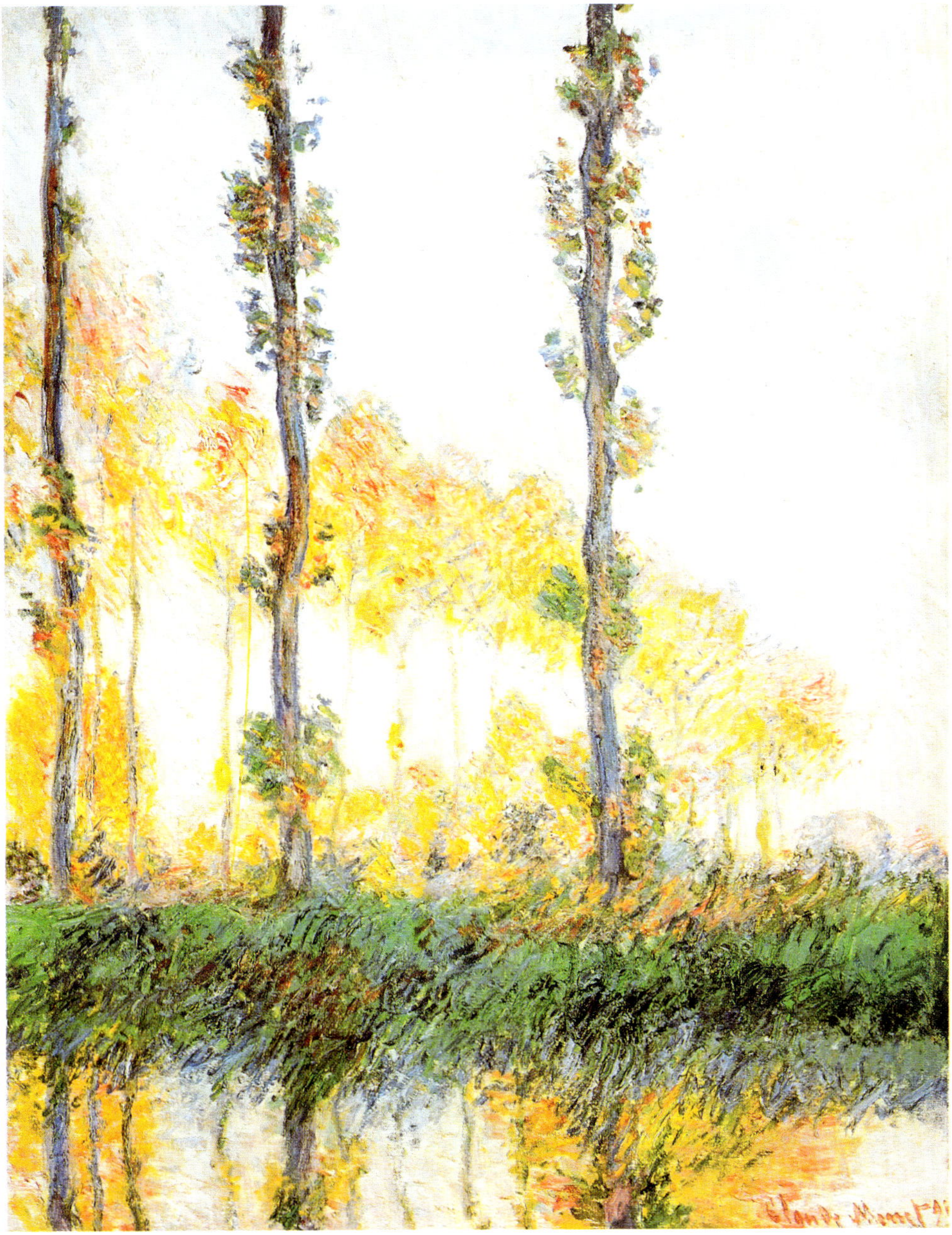

Les Trois Arbres, automne, 1891.

Nymphéas, 1918-1921.

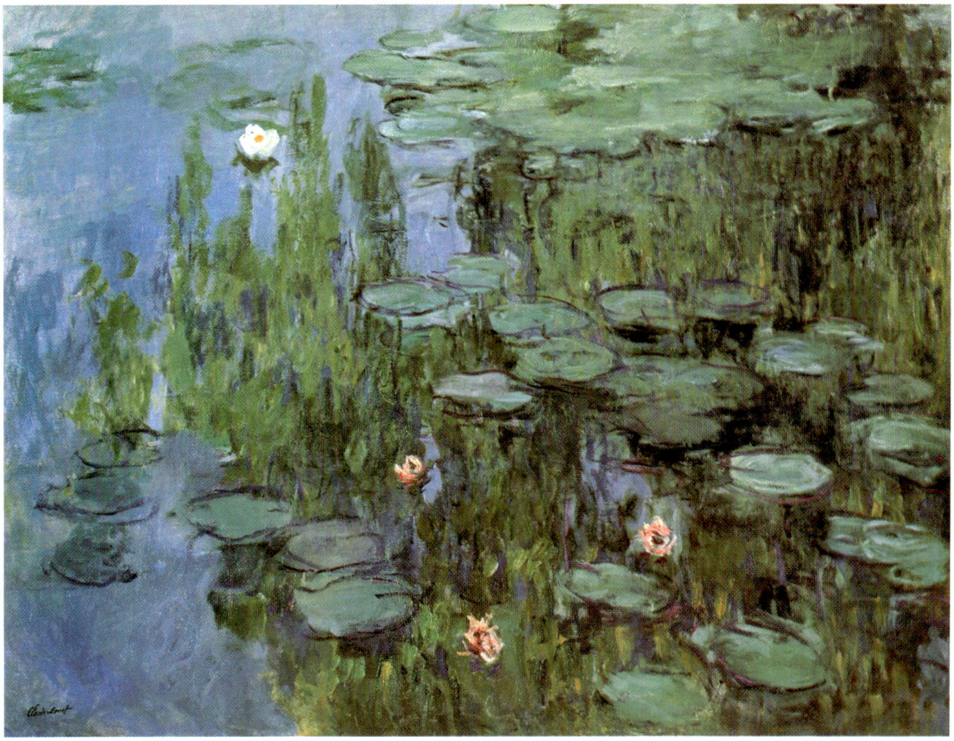

LES NYMPHÉAS

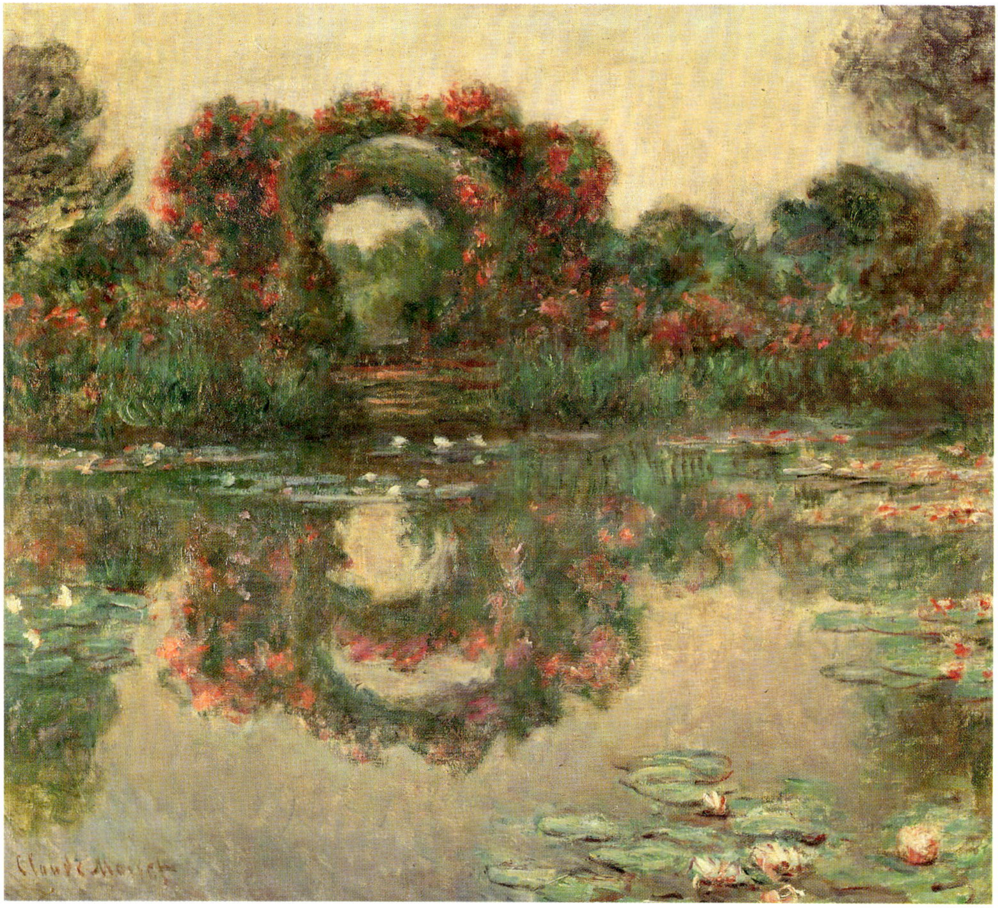

Les Arceaux fleuris, 1913.

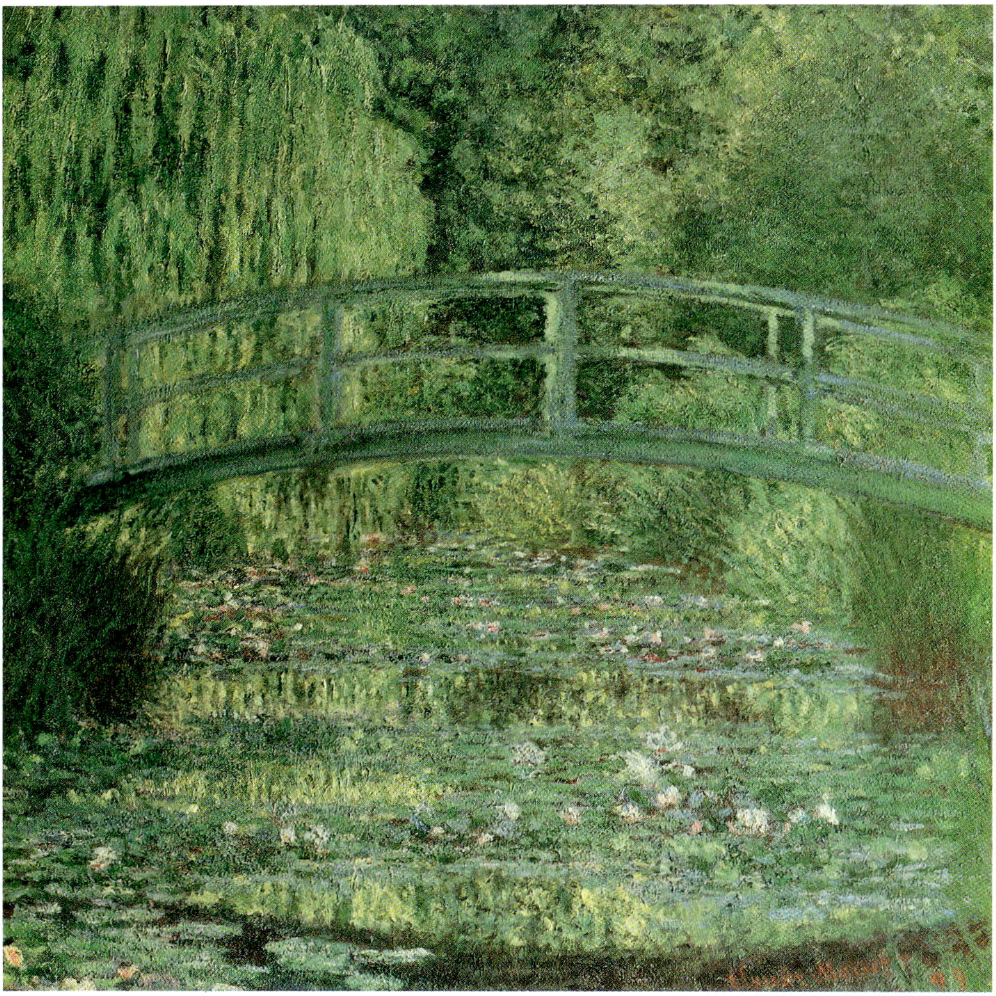

Le Bassin aux nymphéas, harmonie verte, 1899.

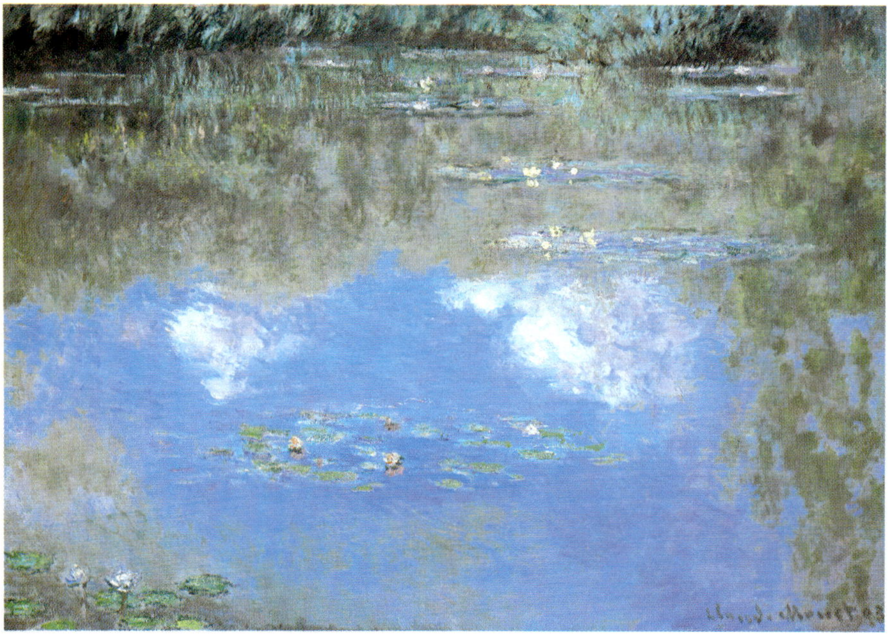

Nymphéas. Les Nuages, 1903.

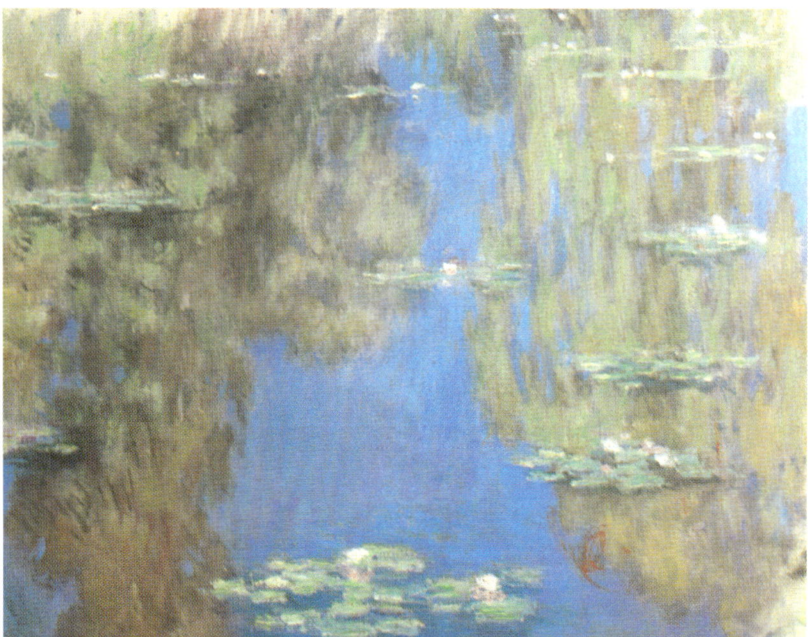

Nymphéas, 1903.

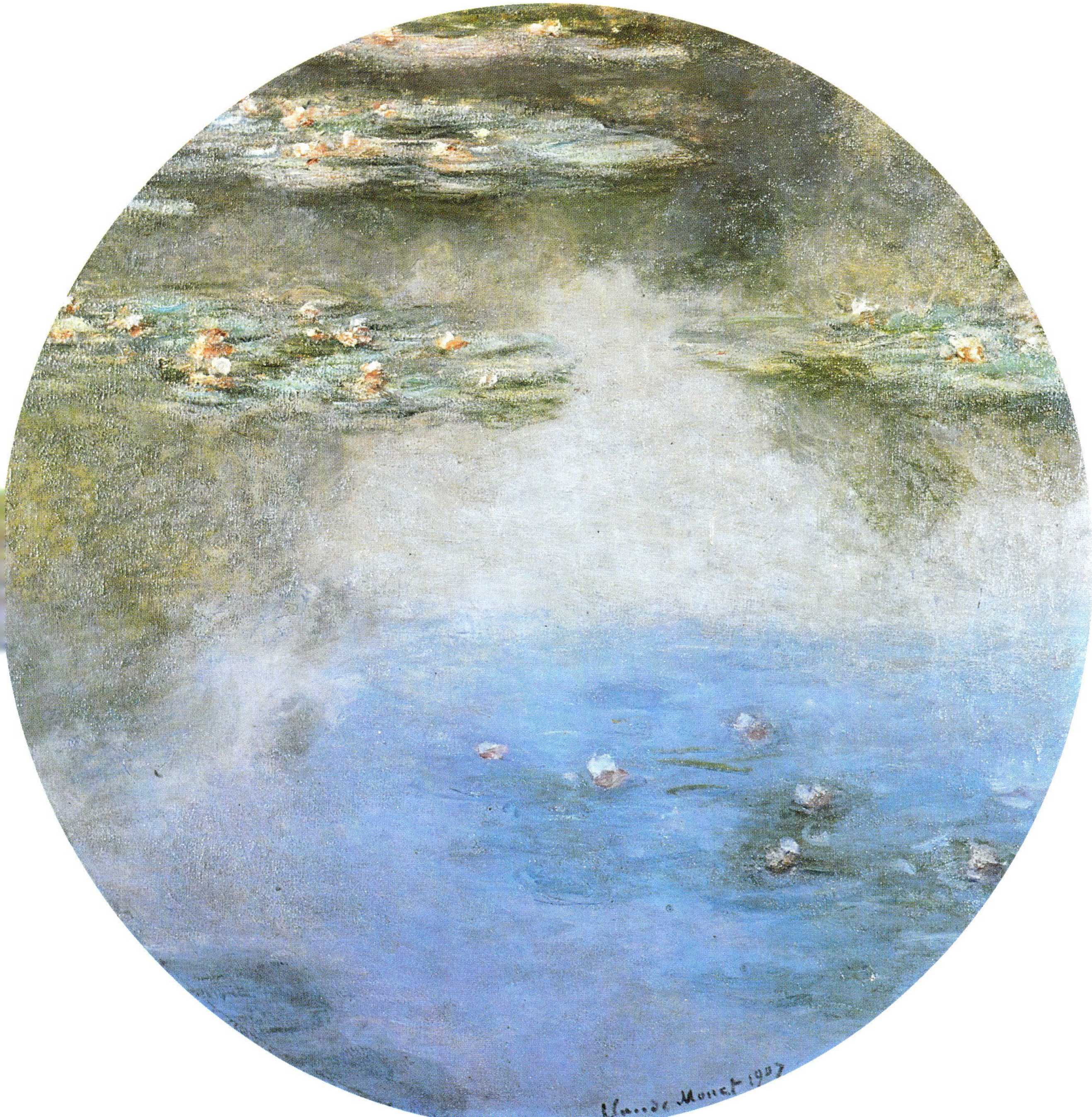

Nymphéas, 1907.

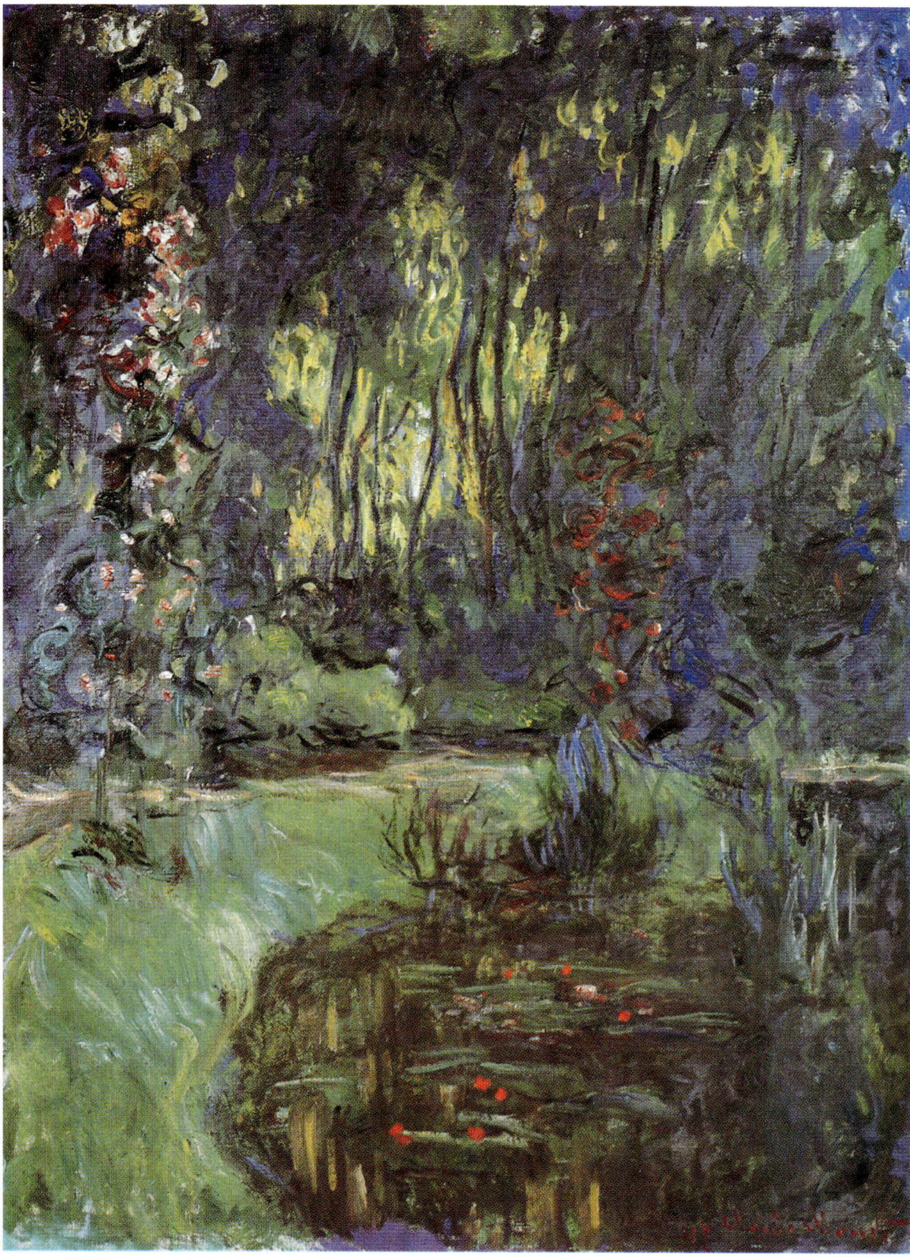

Le Jardin de Giverny, 1917.

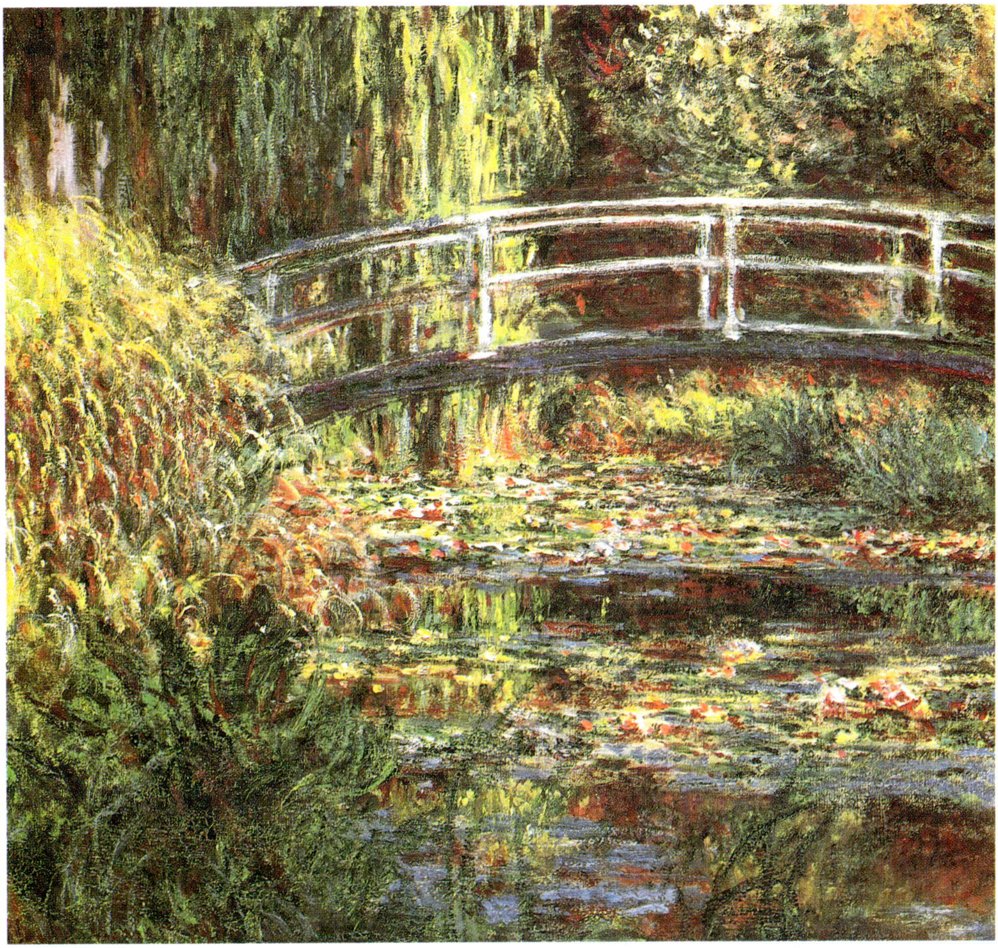

Le Bassin aux nymphéas, harmonie rose, 1900.

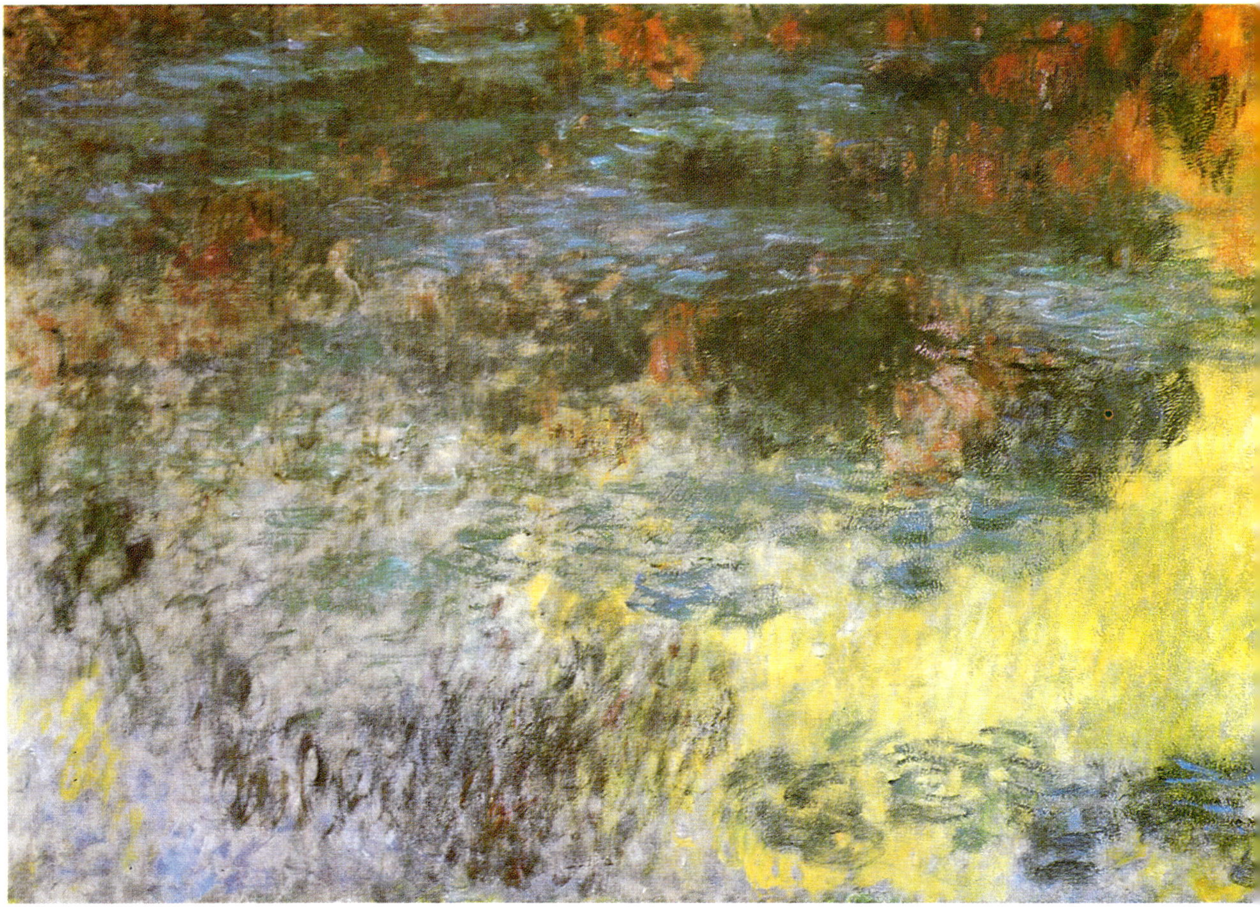

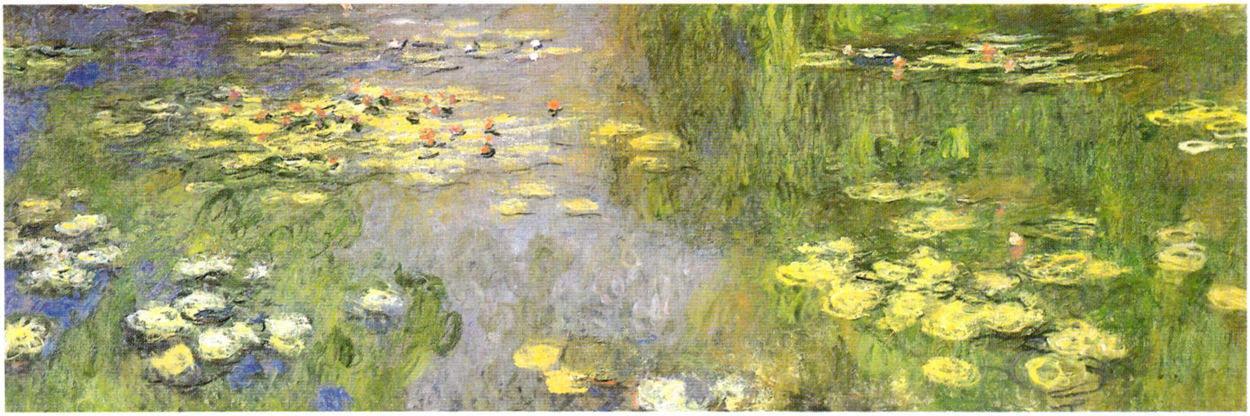

Nymphéas, 1915-1925.

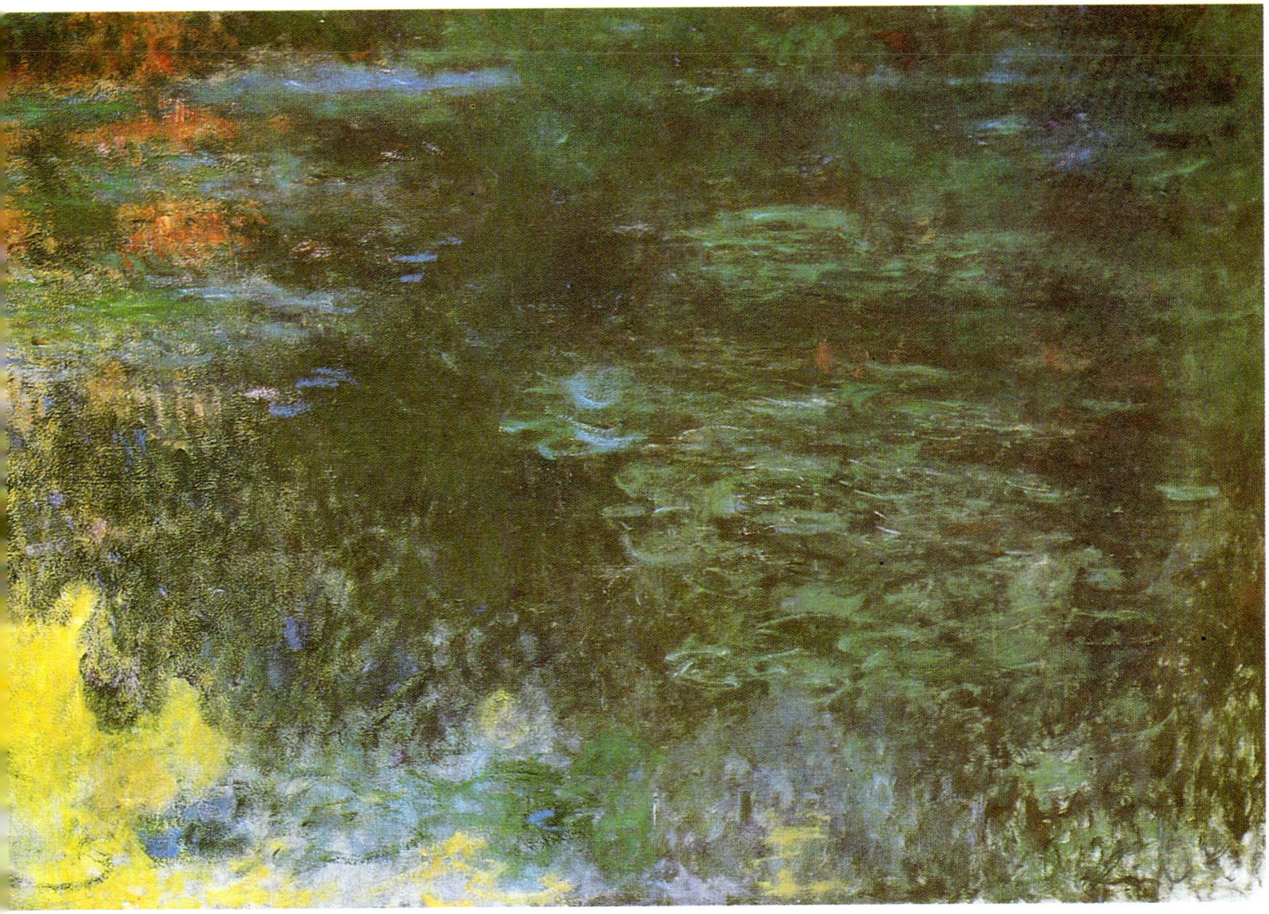

Nymphéas au crépuscule, 1916-1922.

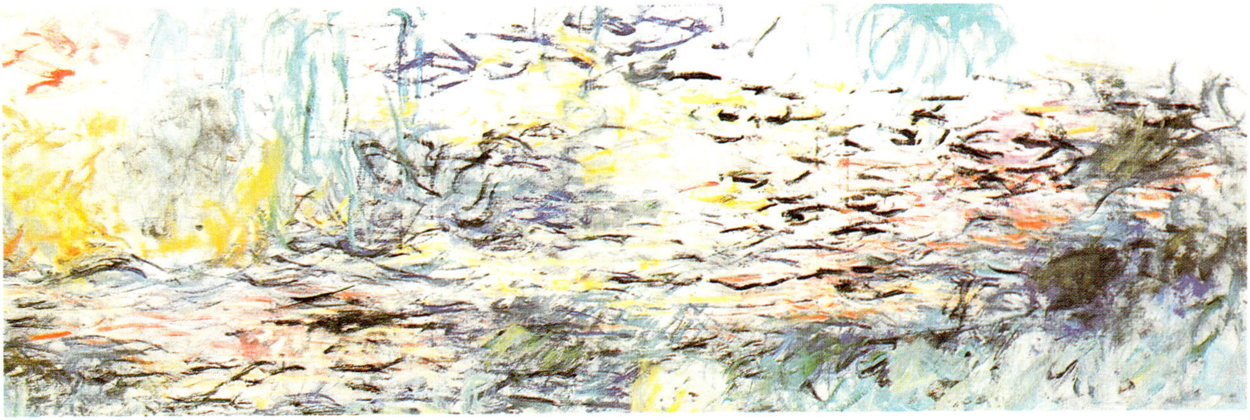

Nymphéas, 1917-1921.

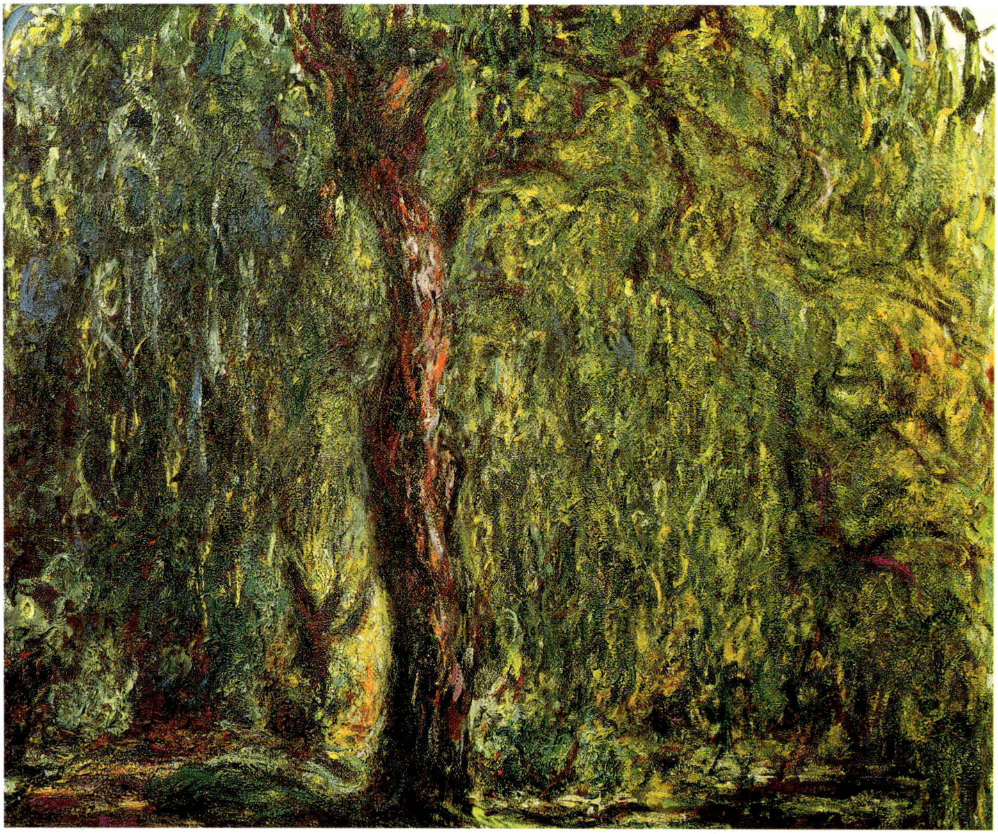

Saule pleureur, 1918-1919.

REPÈRES BIOGRAPHIQUES

1840. Naissance d'Oscar-Claude Monet, le 14 novembre, à Paris, 45, rue Laffitte. Ses parents, Adolphe et Louise-Justine ont déjà un fils, Léon-Pascal, né en 1836.

1845. La famille Monet s'installe au Havre. Adolphe travaille pour son beau-frère, Jacques Lecadre, épicier en gros et approvisionneur de navires.

1850. Claude entre au collège communal du Havre. Il commence à dessiner des caricatures.

1856-1858. Il exécute des caricatures des notables du Havre. Suit des cours de dessin avec Charles-François Ochard, ancien élève de David.

1857. Sa mère meurt. Il fait la connaissance d'Eugène Boudin et commence à peindre en plein air.

1858. Il présente une *Vue prise à Rouelles* à l'Exposition municipale de la ville du Havre.

1859. Premier séjour à Paris.

1860. Il entre à l'Académie suisse, une école sans professeur où des modèles vivants sont mis à la disposition des étudiants. Il rencontre Camille Pissarro, fréquente la brasserie des Martyrs.

1861-1862. Service militaire en Algérie dans les chasseurs d'Afrique.

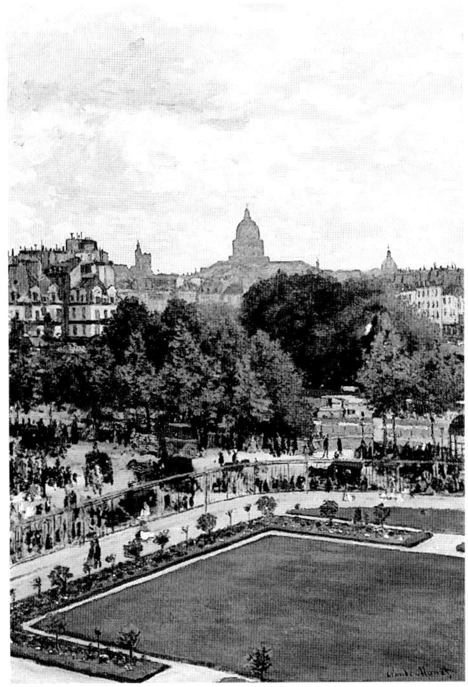

Le Jardin de l'Infante, 1867.

1862. Il rencontre Johan Barthold Jongkind à Sainte-Adresse, une station balnéaire où son oncle et sa tante possèdent une résidence secondaire.

1862-1863. À Paris, il s'inscrit à l'atelier du peintre Charles Gleyre, où il rencontre Renoir, Bazille et Sisley.

1863. À Pâques, il se rend à Chailly-en-Bière avec Renoir et Bazille.

1864. Nouveau séjour à Chailly, puis à Honfleur en compagnie de Bazille.

1865. Il expose pour la première fois au Salon avec *L'Embouchure de la Seine à Honfleur* et *La Pointe de la Hève à marée*

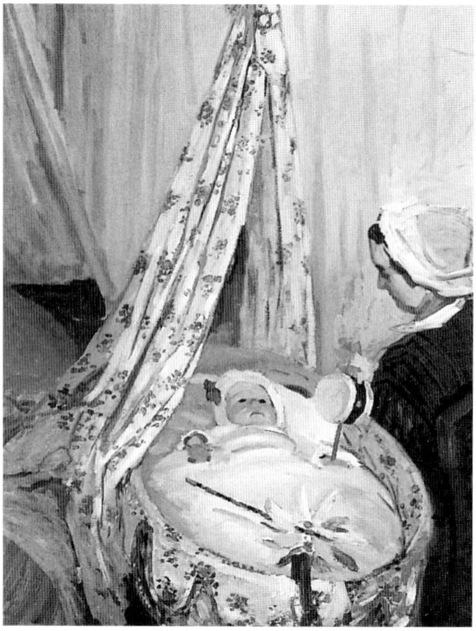

Jean Monet dans son berceau, 1867.

basse. Il entreprend son *Déjeuner sur l'herbe*.

1866. Il présente *La Femme à la robe verte* au Salon et commence *Femmes au jardin*.

1867. Avec Renoir, il peint des vues de Paris, parmi lesquelles *Saint-Germain-l'Auxerrois*. *Femmes au jardin* est refusé au Salon et est acheté par Bazille. Le 8 août, naissance de Jean, son premier fils.

1868. Il s'installe à Bennecourt. Grande difficultés financières que vient un peu améliorer M. Gaudibert, un amateur havrais qui lui achète des tableaux.

1869. Il déménage pour Saint-Michel et peint des vues de la Grenouillère avec Renoir. Nouvel échec au Salon.

1870. Le 26 juin, il épouse Camille Doncieux. Lorsqu'il apprend la déclaration de la guerre, il quitte la France pour l'Angleterre. À Londres, il rencontre Paul Durand-Ruel.

1871. Séjour en Hollande, à Zaandam. À son retour en France, il apprend la mort de Bazille. Il s'établit à Argenteuil en novembre.

1872-1873. Il peint la Seine et les voiliers à Argenteuil. Séjours à Rouen et au Havre. Création, fin 1873, de la « Société anonyme coopérative des artistes peintres, sculpteurs, graveurs... »

1874. Ouverture, le 15 avril, de la première exposition des peintres indépendants. Le photographe Nadar prête son atelier pour la circonstance. Participent à l'exposition, entre autres, Degas, Morisot, Cézanne, Pissarro, Renoir, Sisley.

1876. Deuxième exposition du groupe. Monet fait la connaissance d'Ernest Hoschedé, propriétaire du château de Rottembourg à Montgeron, qui l'invite chez lui pour décorer son salon.

1877. À la troisième exposition du groupe, Monet expose ses vues de la Gare Saint-Lazare, qui enthousiasment Zola. Des difficultés financières l'obligent à quitter Argenteuil.

1878. En mars, naissance de Michel, le deuxième fils de Claude et Camille. Au cours de l'été, installation à Vétheuil, avec la famille Hoschedé, Ernest, Alice et leurs six enfants.

1879. Mort de Camille le 5 septembre.

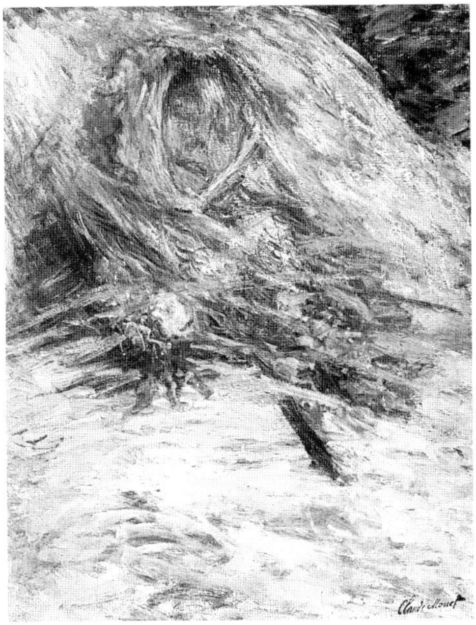

Camille Monet sur son lit de mort, 1879.

Hiver particulièrement rigoureux pendant lequel Monet peint des scènes de débâcle sur la Seine.

1880. Il expose *Lavacourt* au Salon et ne participe pas à la cinquième exposition du groupe. Le 7 juin s'ouvre sa première exposition particulière, dans les locaux de la revue *La Vie moderne*, fondée par Georges Charpentier.

1881. Amélioration de sa situation financière. Séjours sur la côte normande. Installation à Poissy avec Alice Hoschedé et leurs enfants respectifs.

1882. Il participe à la septième exposition du groupe. Séjours à Dieppe, Pourville, Varengeville.

1883. En janvier et février, il est au Havre et à Étretat. Le 1er mars, une exposition personnelle s'ouvre chez Durand-Ruel. En avril, il s'installe à Giverny.

1884. De janvier à avril, il séjourne à Bordighera, en août, à Étretat.

1885. En mai, il expose dix toiles à la quatrième exposition internationale organisée par Georges Petit. De septembre à décembre, nouveau séjour à Étretat où il rencontre Maupassant.

1886. En février, nouveau séjour à Étretat. Durand-Ruel organise à New York une exposition des « Œuvres à l'huile et au pastel des impressionnistes de Paris ». Une quarantaine de toiles de Monet y figurent. En revanche, il n'est pas présent à la huitième exposition du groupe. Court séjour en Hollande, pendant lequel il peint des champs de tulipes. En septembre, Étretat, puis Belle-Île où il rencontre Gustave Geffroy.

1887. En mai, il participe à la sixième exposition internationale de peinture à la galerie Georges Petit. En même temps, Durand-Ruel met sur pied une deuxième exposition à New York, qui comprend douze tableaux de Monet. En août, il fait un séjour à Londres.

1888. De janvier à mai, il séjourne à Antibes et à Juan-les-Pins. En juin, Théo Van Gogh lui achète dix marines d'Antibes, qu'il expose à la galerie Boussod-Valadon.

1889. Il passe trois mois dans la Creuse. En juin s'ouvre l'exposition Monet-Rodin à la galerie Georges Petit. Il lance une souscription publique en vue d'acheter l'*Olympia* à la veuve de Manet et d'en faire don à l'État.

1890. Il achète la maison de Giverny à l'automne.

1891. Mort d'Ernest Hoschedé en mars. En mai, la série des Meules est exposée à la galerie Durand-Ruel.

1892. La série des Peupliers est exposée chez Durand-Ruel du 29 février au 10 mars. De février à avril, il est à Rouen et commence la série des Cathédrales. Le 16 juillet, il épouse Alice Hoschedé.

1893. De février à mi-avril, il retourne à Rouen pour peindre la cathédrale.

1894. En novembre, Cézanne rend visite à Monet, à Giverny.

1895. Voyage en Norvège.

1896. Séjours à Pourville, Varengeville, Dieppe.

1897. Nouveau séjour à Pourville. Une vingtaine d'œuvres sont exposées à la Biennale de Venise.

1898. En juin, exposition chez Georges Petit.

1899. Séjour à Londres à l'automne. Il commence sa série de Vues de la Tamise.

1900. Nouveau séjour à Londres où il reçoit la visite de Clemenceau et de Gustave Geffroy. À la fin de l'année, vingt-six œuvres, dont une dizaine représentant le Bassin aux nymphéas, sont exposées chez Durand-Ruel.

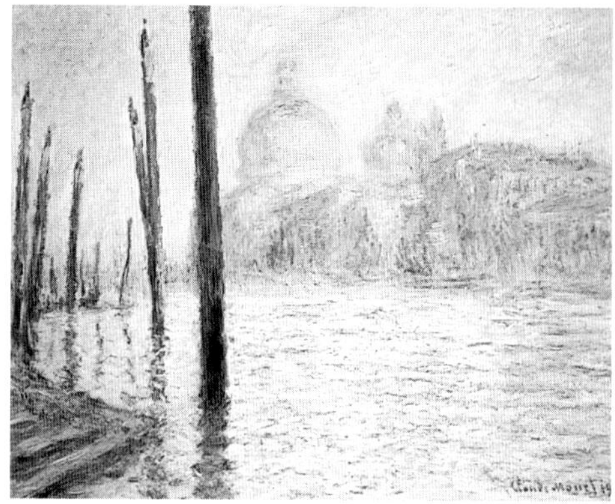

Le Grand Canal, Venise, 1908.

1901. De février à avril, nouveau séjour à Londres.

1902. Voyage en Bretagne en février.

1904. Exposition des toiles de Londres chez Durand-Ruel de mai à juin. Nouveau séjour à Londres en décembre.

1905. Durand-Ruel organise une grande exposition impressionniste à Londres. Monet est présent avec cinquante-cinq toiles.

1906. Il travaille à sa série des Nymphéas.

1908. Premier signe de cataracte. Voyage à Venise avec Alice à la fin de l'année.

1909. Exposition des *Nymphéas* chez Durand-Ruel.

1911. Mort d'Alice le 19 mai.

1912. Exposition des *Vues de Venise* à la galerie Bernheim-Jeune.

1914. Mort de Jean Monet le 10 février.

1916. Il fait construire un vaste atelier pour l'exécution des grandes décorations de *Nymphéas*.

1918. Pour fêter l'armistice, Monet charge Clemenceau de faire don à l'État des grandes compositions de *Nymphéas*.

1921. Importante rétrospective chez Durand-Ruel en janvier.

1922. Signature de l'acte de donation à l'État des dix-neuf panneaux des *Nymphéas*. Mort de Paul Durand-Ruel.

1923. Il est opéré de la cataracte.

1926. Claude Monet meurt le 6 décembre. Ses obsèques ont lieu à Giverny le 8 décembre. Mort de Gustave Geffroy.

1927. Le 17 mai, inauguration des décorations des Nymphéas à l'Orangerie des Tuileries.

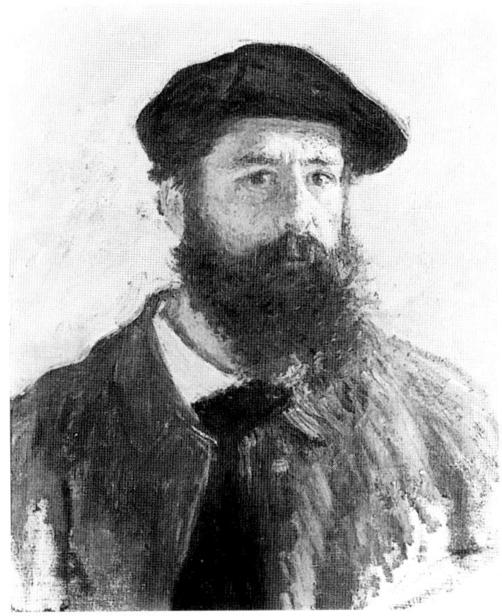

*Autoportrait coiffé d'un béret,*1886.

BIBLIOGRAPHIE

Sur Claude Monet

Alphant, Marianne, *Monet, une vie dans le paysage*, Paris, 1993.

Clemenceau, Georges, *Claude Monet : les Nymphéas*, Paris, 1928.

Geffroy, Gustave, *Monet, sa vie, son temps, son œuvre*, Paris, 1922 ;
réédition, Paris, 1980.

Gordon, Robert et Forge, Andrew, *Monet*, New York, 1983 ;
traduction française, Paris, 1984.

Elder, Marc, *À Giverny chez Claude Monet*, Paris, 1924.

Hoschedé, Jean-Pierre, *Claude Monet, ce mal connu*, Genève, 1960.

Joyes, Claire et Toulgouat, Jean-Marie, *Claude Monet and Giverny*, New York, 1985 ;
traduction française, Paris, 1985.

Maupassant, Guy de, « La Vie d'un paysagiste », in *Gil Blas*, 28 septembre 1886.

Rewald, John et Weitzenhoffer, Frances, *Aspects of Monet, a Symposium on the Artist's Life and Times*, New York, 1984.

Spate, Virginia, *The Color of Time, Claude Monet*, Londres, 1992.

Wildenstein, Daniel, *Monet, vie et œuvre*, Lausanne-Paris, 1974-1992.

Ouvrages généraux sur l'impressionnisme

Duret, Théodore, *Histoire des peintres impressionnistes*, Paris, 1878 ;
édition complétée, Paris, 1906.

Herbert, Robert L., *Impressionism : Art, Leisure, and Parisian Society*, New Haven, 1988, 1991 ;
traduction française, Paris, 1988, 1991.

Monneret, Sophie, *L'Impressionnisme et son époque. Dictionnaire international illustré*, Paris, 1978-1981.

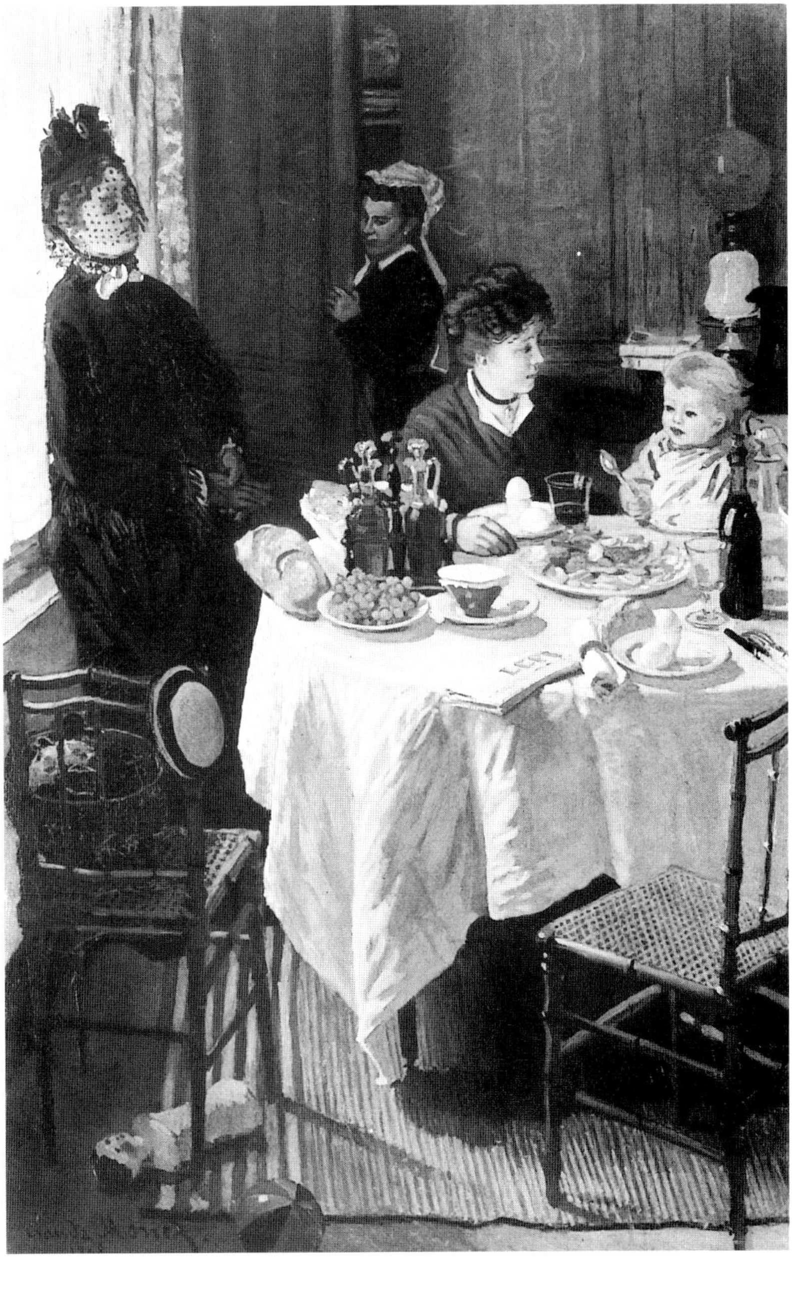

Le Déjeuner,
1869.

TABLE DES ILLUSTRATIONS

31. *La Promenade. La Femme à l'ombrelle,* 1875, huile sur toile, 100 x 81 cm. National Gallery of Art, Washington.

33. *Femmes au jardin,* 1866, huile sur toile, 256 x 208 cm. Musée d'Orsay, Paris.

34. *Étretat,* pastel, 40 x 23,5 cm. Collection particulière.

35. *Les Régates à Sainte-Adresse,* 1867, huile sur toile, 75,5 x 101,5 cm. The Metropolitan Museum of Art, New York.

36. *Dame dans le jardin.Sainte-Adresse,* 1867, huile sur toile, 82,3 x 101,5 cm. Musée de l'Ermitage, Saint-Pétersbourg.

Le Déjeuner sur l'herbe, 1865, huile sur toile, 130 x 181 cm. Musée Pouchkine, Moscou.

37. *Terrasse à Sainte-Adresse,* 1867, huile sur toile, 98 x 130 cm. The Metropolitan Museum of Art, New York.

38. *Le Pont de Bougival,* 1869-1870, huile sur toile, 63 x 91 cm. Currier Gallery of Art, Manchester.

39. *La Grenouillère,* 1863, huile sur toile, 75 x 100 cm. The Metropolitan Museum of Art, New York.

40. *Au bord de l'eau, Bennecourt,* 1868, huile sur toile, 81 x 100 cm. Art Institute, Chicago.

41. *La Pie,* 1869, huile sur toile, 89 x 130 cm. Musée d'Orsay, Paris.

43. *La Plage à Trouville,* 1870, huile sur toile, 48 x 74 cm. Collection particulière.

44. *Le Port d'Amsterdam,* 1874, huile sur toile, 60 x 81cm. Galerie Schmit, Paris.

45. *Impression. Soleil levant,* 1873, huile sur toile, 48 x 63 cm. Musée Marmottan, Paris.

46. *Le Pont routier, Argenteuil,* 1874, huile sur toile, 60 x 81 cm. National Gallery of Art, Washington.

47. *Train dans la campagne,* vers 1872, huile sur toile, 50 x 65 cm. Musée d'Orsay, Paris.

48. *La Maison de l'artiste à Argenteuil,* 1873, huile sur toile, 60,5 x 74 cm. Art Institute, Chicago.

Les Glaïeuls, 1876, huile sur toile, 60 x 81 cm. Institute of Arts, Detroit.

49. *Le Déjeuner,* 1873, huile sur toile, 162 x 203 cm. Musée d'Orsay, Paris.

50. *Camille dans le jardin de la maison d'Argenteuil,* 1879, huile sur toile, 81 x 59 cm. Collection Annenberg, Philadelphie.

51. *Sentier, Île Saint-Martin,* 1880, huile sur toile, 80 x 60 cm. The Metropolitan Museum of Art, New York.

52. *Promenade près d'Argenteuil,* 1873, huile sur toile, 60 x 81 cm. Musée Marmottan, Paris.

Les Coquelicots à Argenteuil, 1873, huile sur toile, 50 x 65 cm. Musée d'Orsay, Paris.

53. *Le Jardin de Monet à Vétheuil,* 1881, huile sur toile, 150 x 120cm. National Gallery of Art, Washington.

55. *Vue de Bordighera*, 1884, huile sur toile, 65 x 81 cm. Collection particulière.

56. *Palmiers à Bordighera*, 1884, huile sur toile, 65 x 81 cm. The Metropolitan Museum of Art, New York.

57. *Jardin Moreno à Bordighera*, 1884, huile sur toile, 73 x 92 cm. Norton Gallery and School of Art, West Palm Beach.

58. *Cap Martin, près de Menton*, 1884, huile sur toile, 68 x 84 cm. Museum of Fine Arts, Boston.

59. *Antibes, vue de la Salis*, 1888,huile sur toile, 65 x 92 cm. Museum of Art, Toledo.

60. *Sur la falaise de Pourville, temps clair*, 1882, huile sur toile, 65 x 81 cm. Collection particulière.

L'Église sur la falaise, Varengeville, 1882, huile sur toile, 65 x 81 cm. The J.B. Speed Art Museum, Louisville.

61. *Les Rochers de Belle-Île*, 1886, huile sur toile, 65 x 81 cm. Musée Saint-Denis, Reims.

62. *Les Eaux semblantes, Creuse, effet de soleil*, 1889, huile sur toile, 65 x 92 cm. Museum of Fine Arts, Boston.

63. *Le Vieil Arbre au confluent*, 1889, huile sur toile, 65,7 x 92,7 cm. Art Institute, Chicago.

64. *La Zuiderkerk à Amsterdam*, 1873-1874, huile sur toile, 55 x 65 cm. Museum of Art, Philadelphie.

Le Fjord de Christiania, 1895, huile sur toile. Collection particulière.

65. *Champs de tulipes en Hollande*, 1886, huile sur toile, 65,5 x 81,5 cm. Musée d'Orsay, Paris.

Maisons dans la neige et mont Kolsaas, 1895, huile sur toile, 65 x 92 cm. Fujikawa Galleries, Tokyo.

67. *Une meule près de Giverny*, 1886, huile sur toile, 60,5 x 81,5 cm. Musée de l'Ermitage, Saint-Pétersbourg.

68. *Meules, fin de l'été, effet du soir*, 1890-1891, huile sur toile, 59,1 x 85,1 cm. Art Institute, Chicago.

Deux Meules, déclin du jour, automne, 1891, huile sur toile, 65 x 100 cm. Art Institute, Chicago.

69. *Meules, effet de gelée blanche*, 1890-1891, huile sur toile, 65,1 x 92,1 cm. National Galleries of Scotland, Édimbourg.

Meules, effet de neige, soleil couchant, 1890-1891, huile sur toile, 63,5 x 100,3 cm. Art Institute, Chicago.

70. *Cathédrale de Rouen, effet de soleil, fin de journée*, 1892-1894, huile sur toile, 100 x 65 cm. Musée Marmottan, Paris.

71. *Cathédrale de Rouen, effet de soleil*, 1892-1894, huile sur toile, 100,6 x 74 cm. Museum of Fine Arts, Boston.

72. *Waterloo Bridge, effet de soleil avec de la fumée*, 1903, huile sur toile, 65 x 100 cm. Art Museum, Denver.

Londres, Waterloo Bridge, 1903, huile sur toile, 64,5 x 100,3 cm. Museum of Art, Carnegie Institute, Pittsburgh.

73. *Londres, Waterloo Bridge*, 1899-1900, huile sur toile, 65,4 x 92,7 cm. Santa Barbara Museum of Art.

Waterloo Bridge par temps gris, 1903, huile sur toile, 65,1 x 100 cm. National Gallery of Art, Washington.

74. *La Gare Saint-Lazare, arrivée d'un train*, 1877, huile sur toile, 82 x 101 cm. Fogg Art Museum, Harvard University, Cambridge.

75. *La Gare Saint-Lazare*, 1877, huile sur toile, 75 x 110 cm. Musée d'Orsay, Paris.

76. *Londres, le Parlement, effet de soleil*, 1903, huile sur toile, 76,5 x 84,5 cm. The Brooklyn Museum.

77. *Londres, le Parlement, soleil couchant*, 1903, huile sur toile, 81,3 x 92,5 cm. National Gallery of Art, Washington.

78. *Les Trois Arbres, printemps*, 1891, huile sur toile, 93,7 x 74 cm. Collection particulière.

79. *Les Trois Arbres, automne*, 1891, huile sur toile, 92 x 73 cm. Collection particulière.

81. *Nymphéas*, 1918-1921, huile sur toile, 140 x 185 cm. Neue Pinakothek, Munich.

82. *Les Arceaux fleuris*, 1913, huile sur toile, 81 x 91,4 cm. Phoenix Art Museum.

83. *Le Bassin aux nymphéas, harmonie verte*, 1899, huile sur toile, 89 x 93,5 cm. Musée d'Orsay, Paris.

84. *Nymphéas. Les Nuages*, 1903, huile sur toile, 73 x 100 cm. Collection particulière.

Nymphéas, 1903, huile sur toile, 73 x 92 cm. Musée Marmottan, Paris.

85. *Nymphéas*, 1907, huile sur toile, 81 cm. Musée d'Art et d'Industrie, Saint-Étienne.

86. *Le Jardin de Giverny*, 1917, huile sur toile, 117 x 83 cm. Musée de Peinture et de Sculpture, Grenoble.

87. *Le Bassin aux nymphéas, harmonie rose*, 1900, huile sur toile, 89,5 x 100cm. Musée d'Orsay, Paris.

88-89. *Nymphéas au crépuscule*, 1916-1922, huile sur toile, 200 x 600 cm. Kunsthaus, Zurich.

88. *Nymphéas*, 1917-1921, huile sur toile, 200 x 600 cm. Museum of Art, Carnegie Institute, Pittsburgh.

89. *Nymphéas*, 1915-1925, huile sur toile, 100 x 300 cm. Musée Marmottan, Paris.

90. *Saule pleureur*, 1918-1919, huile sur toile, 100 x 120 cm. Musée Marmottan, Paris.

91. *Le Jardin de l'Infante*, 1867, huile sur toile, 92 x 62 cm. Allen Memorial Art Museum, Oberlin College.

92. *Jean Monet dans son berceau*, huile sur toile, 116 x 89 cm. National Gallery of Art, Washington.

93. *Camille Monet sur son lit de mort*, 1879, huile sur toile, 92 x 68 cm. Musée d'Orsay, Paris.

94. *Le Grand Canal, Venise*, 1908, huile sur toile, 73 x 92 cm. Collection particulière.

95. *Autoportrait coiffé d'un béret*, 1886, huile sur toile, 56 x 46 cm.Collection particulière.

97. *Le Déjeuner*, 1868, huile sur toile, 230 x 150 cm. Stätdische Galerie im Städelschen Kunstinstitut, Frankfurt.